臺灣歷史與文化 研究輯刊

三 編

第 5 冊

日治時期臺灣北部民間利率
——以《新屋鄉葉氏嘗簿》爲主的解讀與分析

蔡 惠 雯 著

日治時期臺灣北部地方米價的新探索
——《新屋鄉葉氏嘗簿》的解讀與分析

何 佳 韻 著

花木蘭文化出版社

國家圖書館出版品預行編目資料

日治時期臺灣北部民間利率——以《新屋鄉葉氏嘗簿》為主的
解讀與分析　蔡惠雯　著／日治時期臺灣北部地方米價的新探
索——《新屋鄉葉氏嘗簿》的解讀與分析主　何佳韻　著—初
版—新北市：花木蘭文化出版社，2013〔民102〕
目 2+60 面／目 4+58 面；19×26 公分
（臺灣歷史與文化研究輯刊 三編；第 5 冊）
ISBN：978-986-322-467-9（精裝）
1. 經濟史　2. 日據時期
733.08　　　　　　　　　　　　　　　　　102017178

ISBN-978-986-322-467-9

9 789863 224679

臺灣歷史與文化研究輯刊
三　編　第　五　冊　　　　　　ISBN：978-986-322-467-9

日治時期臺灣北部民間利率
——以《新屋鄉葉氏嘗簿》為主的解讀與分析
日治時期臺灣北部地方米價的新探索
——《新屋鄉葉氏嘗簿》的解讀與分析

作　　者　蔡惠雯／何佳韻
總 編 輯　杜潔祥
出　　版　花木蘭文化出版社
發 行 所　花木蘭文化出版社
發 行 人　高小娟
聯絡地址　235 新北市中和區中安街七二號十三樓
　　　　　電話：02-2923-1455 ／傳真：02-2923-1452
網　　址　http://www.huamulan.tw 信箱 sut81518@gmail.com
印　　刷　普羅文化出版廣告事業
初　　版　2013 年 9 月
定　　價　三編　18 冊（精裝）新臺幣 40,000 元

日治時期臺灣北部民間利率
——以《新屋鄉葉氏嘗簿》為主的解讀與分析

蔡惠雯　著

作者簡介

蔡惠雯，1976 年生，臺灣臺南市人。政治大學歷史學係畢業，成功大學歷史研究所碩士。現任教於臺南市市立國民中學，為歷史科教師。在投入教育職場後，深感學識之不足，再度重返校園學習，並選擇日治時期臺灣經濟史作為研究的範疇。在謝美娥教授的指導之下，解讀〈新屋鄉葉氏嘗簿〉帳簿資料，進而分析日治時期臺灣北部民間的借貸利率，終而完成碩士論文《日治時期臺灣北部民間利率：以新屋鄉葉氏嘗簿為主的解讀與分析》。

提　要

　　經濟學家吳聰敏在從事臺灣利率史研究時，曾感嘆目前臺灣缺乏日治時期民間借貸利率的資料。若能蒐集到真正的民間借貸利率數據，並拿來與金融市場的利率相互比較，其結果將有助於其他相關議題的擴展。正因學界目前尚無以民間帳簿為史料，進行日治時期借貸利率的研究。本文利用難得的珍貴史料——《新屋鄉葉氏嘗簿》，整理出 1901 至 1943 年新屋地區民間借貸利率的變動趨勢，藉以觀察這段期間利率上升或下降的傾向。冀望本文的研究可以填補日治時期臺灣民間借貸利率史研究之不足，同時亦能成為未來經濟史研究相關議題的基礎。

　　根據《新屋鄉葉氏嘗簿》，發現葉氏家族在貸放利率方面，於 1899 至 1904 年間，貸放利率呈現上升後滑落的情形。1910 至 1918 年間，利率起伏甚大，不斷出現下降又上升的巨幅變動。1925 至 1927 年間，則出現下降的趨勢。利率波動起伏雖大，但整體而言，其利率多集中於 10%-15% 之間。可知 10%-15% 才是常態，而 15%-20% 則可能有其他因素使然。至於借入利率的部份，其利率亦多介於 10%-15%。

　　其次，從 1899 至 1927 年間，民間借貸利率是否長期上升？因帳簿資料有限，加上時間又不連貫，較難斷言其利率長期變化的趨勢。因此，葉氏家族無論貸款給他人或向人借入錢款，其利率大致維持於 10%-15% 之間。再者，由於嘗簿中屢見借出貨幣而以穀還息的記錄，為進一步觀察葉氏家族借貸利率是否與米價的漲跌起伏有所關連，將之與日治時期新屋地區的米價數據作一比較。得出穀物利息利率是隨穀價的漲跌起伏而波動，當穀價上漲時，利率隨之上升；反之，利率亦隨之下降。

　　最後將官方的利率數據與本文做比較，發現日治時期臺灣借貸利率變化的情形，無論是透過民間帳簿的解讀，或是運用臺灣銀行的金融資料，抑或是來自官方的農家調查資料，其所反映出借貸利率之長期變動趨勢是一致的。因此可以說明官方資料與《新屋鄉葉氏嘗簿》在地史料顯示一致性的借貸市場趨勢。

誌　謝

　　論文得以順利完成，首先要感謝指導教授　謝美娥老師，在寫論文的過程中，從未間斷的辛勤教導，在我茫然無助時，為我指導方向，在我深感困惑之際，耐心為我解惑。老師對我的照顧與付出，點滴在心，無限感激。同時，口試期間獲得鄭永昌教授、何淑宜教授的審查改正，給學生許多的建議，俾使論文得以更加完善，在此一併致謝。

　　在投入教育職場後，深感自己的學識不足，因此決定再度重返校園學習。但發現在教書與課業的雙重壓力之下，要完成論文，著實不易。所幸，這段期間獲得學校同仁，如慧音、紹民、鈺平、俸安、麗珍等，在工作上的體諒、幫忙及鼓勵，讓我工作無後顧之憂。同時，也要感謝碩專班同學佳韻、芸欣等人的協助與加油打氣，方使論文能順利完成付梓。

　　有了工作與家庭，還要兼顧讀書，過程的確艱辛。最後要感謝一路相陪的家人，尤其是我的父母親，在我與外子各自忙於實踐自我的人生規劃時，能全力相挺，幫我們照顧年幼的女兒。而這段期間，虧欠最多的是我們家的寶貝女兒，為早日完成論文，在她的成長過程中，少了母親的陪伴。希望論文完成之後，能有更多的時間來陪陪她。

　　最後，再次感謝所有關心我與支持我的師長、同事、同學及致親家人，願與大家共同分享這份喜悅與榮耀。

目

次

圖目錄

第一章　緒　論

第一節　研究動機和研究目的

　　利率史研究向來在經濟史中較不爲人所注意，但在現實的經濟世界裡，卻一直存在於你我的生活之中。相信大家都有過向人借錢或借錢給親友的經驗，或者有到銀行存款或貸款的經驗。親友之間如果交情夠好，利息可免，否則到期除要歸還本金之外，還要額外負擔利息；而且銀行的利息是一分錢也不能少。上述例子中所說的親友或銀行之間的相互借貸，皆屬於借貸市場的範疇。其中銀行的借貸規模較大，是借貸市場的主流，但我們不易看到期間的「借」「貸」交易；而民間的借貸規模雖小，亦非借貸市場的主力，但最容易展現借貸雙方的交易行爲。〔註1〕

　　如果把資金當作是借貸市場中的商品，那麼利息正代表借貸資金的價格，其單價稱爲利率，即利息佔本金的百分比。利息高低對我們的經濟行爲將會產生什麼樣的影響呢？雖然利率對消費或儲蓄的影響，迄今學界尚無定論，但一般而言，當利率提高時，人們會樂於儲蓄，將資金存入銀行，以增加利息所得；反之，當利率降低時，人們會將資金用於消費或從事其他的投資。因此，透過利率升降的觀察可以了解人們的經濟行爲與一地經濟發展的程度。此即爲本文選擇以民間借貸利率爲研究對象的原因。〔註2〕

〔註1〕張清溪、許嘉棟、劉鶯釧、吳聰敏合著，《經濟學：理論與實際》，上冊，編著自行發行，2004年，頁385～387。

〔註2〕張清溪、許嘉棟、劉鶯釧、吳聰敏合著，《經濟學：理論與實際》，下冊，頁430～432。

　　本文以古文書爲史料（帳簿）運用科學的統計方法進行借貸利率的研究。綜觀前人所做的利率史研究，發現多集中於清代臺灣，日治時期的部份雖有豐富的金融統計資料，但進行整理分析者不多。少數探討日治時期利率變動的研究，主要以官方數據資料爲主；以民間帳簿爲素材從事研究者，至今尚未出現。究其原因，其中之一在於民間利率史料的取得不易。若無史料爲基礎，利率史的研究將難以開展。筆者有幸取得如此珍貴的數據史料——《新屋鄉葉氏嘗簿》，正是日治時期民間借貸利率的原始史料，爲新出土、前人未曾處理過的材料。〔註3〕因此，如何將這些民間借貸訊息完整解讀，是本文所關注的議題。

　　《新屋鄉葉氏嘗簿》出自桃園縣新屋鄉，因而在研究區域方面以新屋地區爲主。新屋鄉原爲平埔族人游耕狩獵之地，雍正、乾隆年間有陸豐縣客籍姜姓墾戶移墾至此，因初墾地屢遭社仔（今桃園縣新屋鄉社子村）、番婆坟（今社子村）一帶平埔族侵擾，於是棄原屋，向東方另築新屋以居，「新屋」之地名因此出現。〔註4〕該鄉現今境域西臨臺灣海峽，東毗中壢市與楊梅鎮，北接觀音鄉，南鄰楊梅鎮及新竹縣湖口鄉、新豐鄉。本區爲臺灣北部重要的水稻產地之一。〔註5〕

　　至於葉氏家族的背景資料，如葉氏族譜、家族概況、活動區域、經濟生活、及其在新屋地區的社會地位等，筆者因受限於史料有限，及未有充份時間進行田野調查與口述歷史訪問，因而在本文中未加以介紹與說明。據筆者所悉，目前已有學者對此一課題展開研究與調查，只是尚未將研究成果公開與出版。此外，筆者認爲本文旨在解讀帳簿中的經濟訊息，葉氏家族背景資料的有無並不影響本文的研究。日後若有關於葉氏家族歷史的相關資料出版，必再行補充。研究時間方面，則以帳簿的起迄時間爲主，從明治34年（1901）至昭和18年（1943）。

　　本文擬透過《新屋鄉葉氏嘗簿》的解讀與分析，從帳簿中篩選出有效的借貸利率數據，建立一組可靠的借貸利率數列，進而分析其長期變動的趨勢。

〔註3〕《新屋鄉葉氏嘗簿》爲新屋鄉葉佐禹鄉長收藏，原簿封面未有題名。其命名引自何佳韻，〈日治時期臺灣北部地方米價的新探索——《新屋鄉葉氏嘗簿》的解讀與分析〉（臺南：國立成功大學歷史學系在職專班碩士論文，2010年），頁38。

〔註4〕洪敏麟，《臺灣舊地名之沿革》（臺北：臺灣文獻委員會，1977年），第二冊，（上），頁73～75。

〔註5〕尹章義編，《新屋鄉志》（桃園：桃園縣新屋鄉公所，2008年），頁50～258。

換言之，筆者旨在試圖利用這份新史料，整理出日治時期新屋地區的借貸訊息。冀望本文所做的研究，可以填埔該時期臺灣民間借貸利率研究的不足，同時能成為未來經濟史研究相關議題的基礎。

第二節　研究回顧及研究方法

　　早期歷史研究並不把民間帳簿視為史料，隨著古文書的蒐集與運用，以帳簿為史料的相關研究也愈來愈多。〔註6〕帳簿之類的史料所涉及的議題廣泛，包含物價研究、產業經濟、租佃制度、家族生活史等。〔註7〕但以帳簿數據從事利率史的研究卻不多見，以下筆者先就前人所作過的研究進行爬梳與論述，再就本文的研究方法進行介紹。

　　在日本殖民統治之前，臺灣並無現代化的金融機構，如銀行、農會……等。臺灣自清代開港後，茶、糖、樟腦等重要外銷物產，其生產過程中所需要的資金通常是由包辦出口的外商或洋行提供，如製茶所需資金常由經營茶葉外銷的洋行資助融通。因此在茶葉盛產時期，洋行融通的金額應該不少，可惜的是，在現有的文獻資料上，我們尚未找到完整的借貸利率資料。〔註8〕即便如此，綜觀清代以來，可知臺灣民間借貸或融資活動大多依賴合會〔註9〕、當舖、錢

〔註6〕邱正略，〈古文書與地方史研究——以埔里地區為例〉，收於逢甲大學歷史與文物管理研究所臺灣古文書學會編校，《臺灣古文書與歷史研究學術研討會論文集》（臺中：逢甲大學出版社，2007年）頁12。

〔註7〕黃典權、李晃世，〈清代臺灣地方物價之研究〉，《國立成功大學歷史系歷史學報》，第4號（1977年），頁41～129。莊英章、陳運棟，〈清末臺灣北部中港溪流域的糖廍經營與社會研究：頭份陳家的個案研究〉，《中央研究院民族學研究所集刊》，第56卷（1983年12月），頁59～110。許雪姬，《龍井林家的歷史》，臺北：中央研究院近代史研究所，1990年。王世慶，〈十九世紀中葉臺灣北中部銀錢比價變動初探〉，收於陳秋坤、洪麗完編，《契約文書與社會生活——臺灣與華南社會（1600～1900）》（臺北：中央研究院臺灣史研究所籌備處，2001年），頁141～172。王世慶，〈十九世紀中後期臺灣北中部銀錢比價變動續探（1839～1895）〉，《中國海洋發展史論文集》，第8輯（臺北：中央研究院中山人文社會科學研究所，2002年），頁242～259。

〔註8〕吳聰敏，〈臺灣的名目利率與物價膨脹率：1907～1986年〉，《經濟論文叢刊》，第23卷第4期（1995年12月），頁421。

〔註9〕臺灣的合會俗稱會仔，在傳統農業社會頗為盛行，其常見的形式有搖會、標會、輪會與父母會等，有助民間金融之調劑，並舒解危困，但存有失信倒會之風險。吳耀輝，〈經濟志金融篇〉，《臺灣省通志稿》（臺北：臺灣省文獻委員會，1959年），卷4，頁236～239。

莊，以及地主、富商豪紳的貸放事業。尤以地主富豪的貸放事業爲清代民間融通資金的主要來源。〔註10〕在清代臺灣民間金融方面的研究，以往已有東嘉生、吳耀輝、洪震宇等人做過相關的議題。〔註11〕但資料多局限於敘述民間金融形成的背景、借貸的種類與方式，少見有以具體的借貸實例與利率數字，做長期性的民間金融研究。

　　隨著舊式帳簿、土地買賣契約等民間古文書被陸續發現與重視，利用民間古文書從事利率史研究的學者逐漸增加。首先是以典、胎借等土地契約爲主要史料，進行臺灣民間借貸利率研究的學者，如周翔鶴、彭凱翔。周翔鶴在其所著〈清代臺灣民間抵押借貸研究〉一文，利用《臺灣私法物權編》裡 57 份胎借契約，以胎借爲研究對象，來探討清代臺灣民間抵押借貸的情形。他將這些胎借契約依借貸原因、借貸數額、貸款償還年限、借貸利率等進行歸納分析，得出結論如下：該時期臺灣民間借貸原因之中，從事拓墾或商品經濟活動而借貸的人，多於因貧困而舉債者；借貸數額則多在 100 至 1000 銀元之間，而這個數目正是當時臺灣開創農商業經營活動的適當資金額；在償還年限方面，民間借貸期限較長，甚至許多契約都是不拘年限的。至於借貸利率方面，分成以銀計息、以穀計息兩部份來統計，從表一「銀息年利率情況」來看，借貸銀息年利率大多集中在 20%～30%，即每借佛銀一百元一年需付利息 20 至 30 元。再從表二「穀息年利率情況」得知，借貸穀息年利率則多在 1～2 斗/元，即每借佛銀一元一年需付利息穀 1～2 斗。若將穀利按該年平均穀價（0.75 元/石～1.5 元/石）折算成貨幣，則 1～2 斗/元的穀利率實際上與 20%～30%的銀利率差不多。因此，若以清朝順治年間官府規定的「每銀一兩止許月息三分」的標準來看，臺灣民間借貸利息並不高，大致維持在年息 20%~30%左右，且多無複利。這正是清代臺灣民間借貸得以盛行的原因。〔註12〕

〔註10〕王世慶，〈十九世紀中葉臺灣北部農村金融之研究：以興直堡銀主小租戶廣記爲例〉，見王世慶著，《清代臺灣社會經濟》（臺北：聯經出版事業公司，1994年），頁2。

〔註11〕東嘉生，《臺灣經濟史研究》，臺北：東都書籍株式會社臺北支店，1944年。吳耀輝，〈經濟志金融篇〉，《臺灣省通志稿》（臺北：臺灣省文獻委員會，1959），卷4。洪震宇，《臺灣農村經濟研究》，臺北：自立晚報社，1984年。

〔註12〕清代臺灣年平均穀價的部份，是依據周省人於《清代臺灣米價志》的研究，指出臺灣年平均穀價從早期的 0.75 元/石，後期漸漲至 1.5 元/石。「月息三分」的標準則是取自順治年間官府的律例規定，認爲官府的律例規定一般都以民間通行的習慣爲依據，因此「月息三分」應是當時中國通行的標準。周翔鶴便以「月

表一：銀息年利率情況

年利率	契　數	百分比
30%以上	2	13.3%
20%～30%	10	66.6%
20%以下	3	20%

資料來源：周翔鶴，〈清代臺灣民間抵押借貸研究〉，《中國社會經濟史研究》，1993 年第 2 期，
　　　　　表 5，頁 66

表二：穀息年利率情況

年利率（斗/元）	契　數	百分比
2	4	15.38%
1～2	10	38.46%
1 斗以下	6	23.07%

資料來源：周翔鶴，〈清代臺灣民間抵押借貸研究〉，表 6，頁 66

　　另外，彭凱翔、陳志武、袁爲鵬等人亦利用民間文書，對近代中國農村借貸市場進行研究。以 17 世紀末至 20 世紀前期，中國安徽徽州（契約、抄契簿、帳簿、會書）、四川巴縣（契約、訴訟文書）、福建漳州（契約）以及臺灣北部（廣記、鄭氏之契約與抄契簿）等文書爲研究樣本，企圖透過民間文書整理的數據，探討交易成本、信息、習俗、契約執行能力等因素對借貸市場的影響。他們的研究顯示，在民間借貸利息方面，利率懸殊很大，包括無利到成倍利的情形，而穀利與銀利亦有所不同，銀利大多維持在年利 20%或月利 2%，穀利則需要根據糧價以及銀錢比價換算。在借貸規模方面，臺灣北部借貸規模較中國其餘三地大，且無論借貸規模多寡都需土地擔保。在借貸期限方面，農民時間觀念淡薄，借期長短並非借貸時的必備條件，執行上亦不嚴格。〔註13〕

　　　　息三分」作爲判斷清代臺灣民間借貸利率高或低的標準。引自周翔鶴，〈清代臺灣民間抵押借貸研究〉，《中國社會經濟史研究》，1993 年第 2 期，頁 61～71。
〔註13〕該文對於利率的表達方式是按照中國近代的利率表達方式，如月利 1 分即月利 1%，年利 1 分即年利 10%；至於臺灣的研究樣本是以淡水廳興直堡張姓小租戶的「廣記道光二十二年歲次壬寅吉置總抄簿」，以及新竹北門鄭利源商號遺留的古文書爲主。其中後者其依性質不同，可分爲契約書類、房地契附契尾類、借銀單、財產鬮分書等類別。彭凱翔、陳志武、袁爲鵬等人，〈近代中國農村借貸市場的機制——基於民間文書的研究〉，《經濟研究》，第 5 期（2008 年），頁 147～159。

其次是將舊式帳簿加以整理分析，以具體的借貸實例與數字，來進行利率史研究。早先已有黃典權利用臺南顏家帳簿撰寫〈古帳研究一例〉一文，裡頭雖有論及當時臺南安平的貸放利率行情，但因顏家帳簿透露出的貸放資料十分有限，黃氏在這方面並未有太多的著墨，僅以數筆貸放資料為例，計算顏家借銀利率分別為 18%、14%，以此來推斷「這樣的利息該是一般的私利行情」，而且「認為錢莊的貸放利息一定更高，至少在 20%以上」。〔註14〕因受限於資料有限，實難以看出同治年間臺南地區貸放利率的變化趨勢。不過黃典權卻首開以舊式帳簿作為歷史研究的風氣，並對清末臺南地區的生活史、經濟史提供很好的研究成果。

相較於黃典權的研究，王世慶則透過「廣記道光二十二年歲次壬寅吉置總抄簿」裡頭豐富而多筆的借貸利息資料，探討清代臺灣北部民間借貸利率變動的情形。其在〈十九世紀中葉臺灣北部農村金融之研究：以興直堡銀主小租戶廣記為例〉一文，除描述廣記多角化的經營模式之外，全文重點在於透過帳簿，將道光 22 年至同治 8 年（1842～1869）間，廣記借貸銀錢及其利息銀穀的收支紀錄作整理與分析，歸納出廣記在借貸利息方面有以下數點特色：信借的利息略高於胎借；納利銀者比納利穀者利息偏高；親族借貸的利息比外人稍低；續借者的利率大多採固定利率，以及納利銀與納利穀受穀價變動的情形不同。此外，王氏更進一步指出，該時期民間借貸利率甚少超過月利二分（2%），並且認為此一數據似為清代臺灣農村社會通行的利率。〔註15〕因「廣記道光二十二年歲次壬寅吉置總抄簿」所記錄的時間長達二十八年，其所透露的訊息豐富而完整，實足以說明十九世紀中葉臺灣北部農村金融的實際情形。唯該文並未進一步分析廣記借貸利率長期變動的趨勢，無法探知道光至同治年間利率升降的情況。因此，筆者根據該文的資料，整理出廣記於道光至同治年間在胎借與信借方面貸放利息之年平均利率，如表三所示。然後依據表三數據，繪製成圖一，以觀察這段期間廣記在胎借與信借方面貸放利率的變化趨勢，期能有助於瞭解十九世紀中葉臺灣北部農村借貸利率變動的情形。

〔註14〕黃典權，〈古帳研究一例〉，《臺南文化》，第 6 卷第 3 期（1959 年），頁 1～89。

〔註15〕王氏於該文表三附註（1）提及當利率以月利呈現時，大多一年以十個月來計算全年利息。王世慶，〈十九世紀中葉臺灣北部農村金融之研究：以興直堡銀主小租戶廣記為例〉，頁 1～72。

表三：廣記貸放之年平均利率（1843～1868）

中　曆	西元年	胎借年平均利率（%）	信借年平均利率（%）
道光 23 年	1843	18	
道光 24 年	1844	18	
道光 25 年	1845	22	20
道光 26 年	1846	13	20
道光 27 年	1847	14	16
道光 28 年	1848	10	
道光 29 年	1849		20
道光 30 年	1850	11	
咸豐 1 年	1851	13	20
咸豐 2 年	1852		
咸豐 3 年	1853		
咸豐 4 年	1854		14
咸豐 5 年	1855		
咸豐 6 年	1856		
咸豐 7 年	1857		
咸豐 8 年	1858		
咸豐 9 年	1859		
咸豐 10 年	1860	15	
咸豐 11 年	1861		
同治 1 年	1862	10	9
同治 2 年	1863		
同治 3 年	1864		
同治 4 年	1865		
同治 5 年	1866		
同治 6 年	1867		
同治 7 年	1868		

資料來源：王世慶，〈十九世紀中葉臺灣北部農村金融之研究：以興直堡銀主小租戶廣記爲例〉，
　　　　　見王世慶著，《清代臺灣社會經濟》（臺北：聯經出版事業公司，1994 年），表三，
　　　　　頁 28。

說　　明：1. 筆者只取王氏該文表三廣記胎借、信借貸放錢額之利率資料，但不包含續借部份。
　　　　　2. 表中的百分比數字爲年平均利率，代表該年所繳利息佔本金的百分比：（1）王氏所
　　　　　　　引利率大多以年利呈現，只有道光 25 年（1845）胎借利息、咸豐元年信借利息以

月利呈現，且以十個月計息全年利息；（2）同一年中若有多筆利率資料，加以平均，以求出各年年平均利率；（3）如年平均利率20%，即代表一年應支付的利息佔本金的百分之二十。

圖一：廣記貸放之年平均利率趨勢圖（1843～1868）

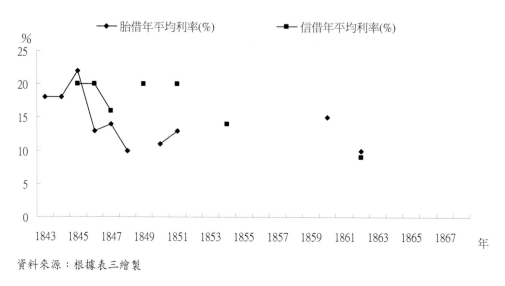

資料來源：根據表三繪製

　　除了黃典權與王世慶之外，利用舊式帳簿探討清代臺灣民間借貸利息的學者，尚有陳秋坤與劉素芬。此二人皆在探討清代臺灣地權演變的課題中，兼論述民間借貸方式與利率變化。陳秋坤所著《清代臺灣土著地權：官僚、漢佃與岸裡社人的土地變遷（1700～1895）》一書，爲利用岸裡大社文書若干收租總簿進行的研究。透過這些收租總簿，分析岸裡大社人如何在漢人通事的主導之下，利用契約形式，與漢墾佃共同開墾他們的土地資源，並進行田園產業權分配，以及說明土著業主的地權如何在番產漢佃的生產模式之下，將田園租業典押給漢佃或銀主，漸漸面臨產權外流的問題。陳氏爲了更具體呈現岸裡大社長期典借利率的變化以及利率與出典期限的關係，將岸裡文書所列借銀契字整理成圖表。從圖二「岸裡社借銀利率變動趨勢（1779～1876）」可以看出1800年以前，典借年利率大抵在三分至四分之間（即30%～40%）。自1803年以後典押利率明顯下降，大致維持在年息二分左右（20%）。這與王世慶研究十九世紀臺灣北部「廣記租館」借銀年息二分（20%）左右頗爲吻合。由此看來，十九世紀民間典借利率普遍比十八世紀期間爲低，年利率維持在二分左右。同時，陳秋坤亦藉由「地權典胎期限的長期趨勢」（圖三），指出

官方規定土著業主對外借銀年利不得超過二分，此一禁令雖收到效果，但實際上是出典田業的期限相應延長。因此，從「利率與典期的變化關係」（圖四），不難發現在借銀利率降低的同時，典期卻呈現顯著拉長的趨勢，因此政府並未眞正減輕出典田園租業者的負擔。〔註16〕

圖二：岸裡社借銀利率變動趨勢（1779～1876）

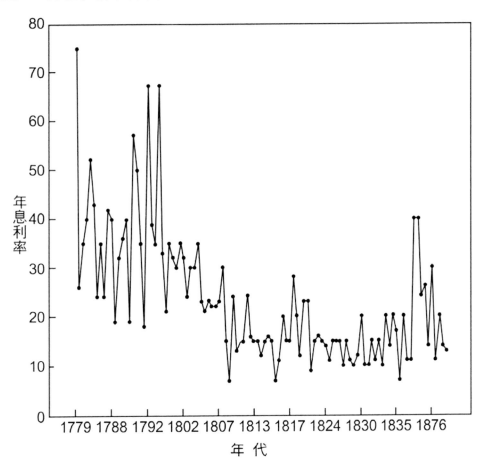

資料來源：陳秋坤，《清代臺灣土著地權：官僚、漢佃與岸裡社人的土地變遷 1700～1895》（臺北：中央研究院近代史研究所，1994 年），圖 7：1，頁 218。

〔註16〕陳秋坤，《清代臺灣土著地權：官僚、漢佃與岸裡社人的土地變遷 1700～1895》，臺北：中央研究院近代史研究所，1994 年。

圖三：地權典胎期限的長期趨勢

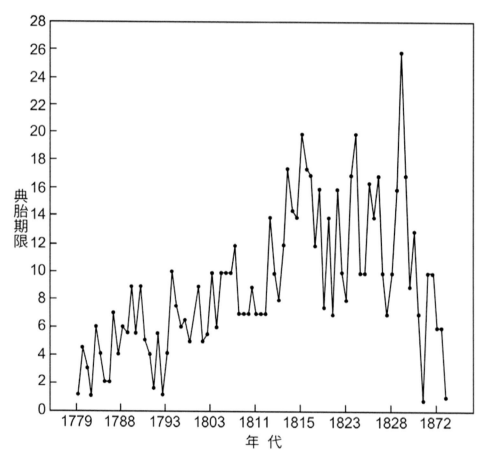

資料來源：陳秋坤，《清代臺灣土著地權：官僚、漢佃與岸裡社人的土地變遷 1700～1895》，圖
　　　　　7：2，頁 219。

圖四：利率與典期的變化關係

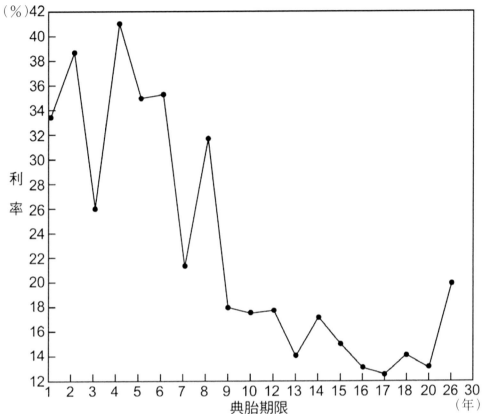

資料來源：陳秋坤，《清代臺灣土著地權：官僚、漢佃與岸裡社人的土地變遷1700～1895》，圖
7：3，頁220。

　　劉素芬則是利用龍井林家咸豐年間與光緒年間的收租帳簿資料，在許雪
姬所著《龍井林家的歷史》的基礎上，來探討林文炳、林永尚父子兩人在面
對地價上漲、地權分化且趨於零細化的情形下，如何經營土地與處理租佃關
係，進而探討十九世紀臺灣中部地區土地經營的情形。根據林家帳簿資料，
發現林家同時具有地主與佃戶雙重身分，除贌地耕作外，並轉贌部份土地給
佃農，收取小租穀，顯示土地經營的多元化。但從「林家歷年借款金額（1847
～1892）」一覽表（表四）不難看出，無論何種土地投資方式，在人地分配比
例逐漸惡化的條件之下，都需鉅額資金週轉，藉以說明當時土地經營之不易。
此外，我們也發現林家的業佃關係往往發展為銀主借貸關係。其鉅額借款的
對象多來自業主，非自己的佃農，而且貸款利率有長期下跌的趨勢。而與自

家佃戶間的借貸關係則呈現借貸規模小且利率偏低的現象。林家往往以低於民間市場的利率向佃戶小額融資，甚至有無息借用的情形。〔註17〕但劉氏在判斷利率高低時，並未具體指出當時民間市場利率的行情。

表四：林家歷年借款金額（1847～1892）

年代	金額（元）	利息谷（石）	年利率（％）
1847	1372	171.5	12.5
	600	75	12.5
1848	300	50	16.7
	100	12.5	12.5
	30	0	0
1800	3100	372	12.0
	1500	195	13.0
1880	313.8	40.8	13.0
	200	40	20.0
1883	200	20	10.0
	6	0.6	10.0
1884	1000	103	10.3
	200	36	18.0
1889	18	1.8	10.0
1890	76	7.6	10.0
1892	300	36	12.0
	700	98	14.0

資料來源：劉素芬，〈十九世紀龍井林家的土地經營〉，《臺灣史研究》，第 2 卷第 2 期（1995 年 12 月），表四，頁 73。

說　　明：1. 劉素芬在計算林家借款利息時均以穀計，再由穀每石值銀一元折算成年利率。
　　　　　2. 年利率代表該年所繳利息佔本金的百分比。

　　從事臺灣家族史研究的論著，在探討家族事業經營的部份，極可能涉及資金借貸業的論述。這類論著以沈昱廷碩士論文〈北港吳資生家族研究〉爲代表。沈昱廷利用北港吳資生家族所保存的土地契約、商業帳簿等古文書，雙管齊下探討該家族渡臺以迄日治時期的發展，並對清領與日治時期北港地區的商貿環境與地域社會的概況進行討論。該批古文書的時間斷限主要是以

〔註17〕劉素芬，〈十九世紀龍井林家的土地經營〉，《臺灣史研究》，第 2 卷第 2 期（1995 年 12 月），頁 53～86。

嘉慶 13 年（1808）吳秋渡海來臺爲起始，並以昭和 6 年（1931）吳玉峯開設醫院爲結束。吳資生號除了與人合資經營商業外，亦將閒置的資金投資於有利放貸。其經營項目有典當土地、胎借以及信借等三種類型。在收典土地方面，吳資生號前後購典三十筆以上的土地，其中僅有三筆被出典者後代贖回，其餘皆形成「典田即賣田」的情形；在胎借土地方面，其性質雖與典田不同，然而，照吳資生號區分的情形來看，這些經胎借而來的土地，最後也在出胎者無力償還的情況下，成爲吳家的資產；至於信貸的部份，雖然資料有限（借據只有四件），但是透過其中的敘述，仍可計算出其信貸利率約在 20%至 30%之間。〔註 18〕沈氏認爲放貸業務是吳資生號獲利極高的一項投資，但並未於文中指出其依據的標準爲何。

綜合上述所論，本段摘述主要的發現。周翔鶴透過《臺灣私法物權編》的整理，得出清代臺灣民間借貸利率大致維持在年息 20%～30%左右。彭凱翔等人針對 17 世紀末至 20 世紀前期中國（包含臺灣北部）民間古文書的研究，其結果有別於傳統高利貸的描述，認爲民間借貸利率雖然懸殊，但銀利大多維持在年利二分（20%）或月利二分（2%），穀利則需根據糧價及銀錢比價來換算。王世慶透過「廣記道光二十二年歲次壬寅吉置總抄簿」的研究，認爲臺灣於道光至同治年間（1842～1869）的民間借貸利率甚少超過月利二分（2%）。陳秋坤在研究岸裡大社產權外流的議題時，指出十九世紀以後岸裡大社典押年利平均維持在 20%。劉素芬在研究龍井林家咸豐與光緒年間的收租帳簿資料時，發現林家借貸利率低於民間借貸市場的利率。以上爲近年來學者依據民間古文書相關史料，所進行的借貸利率探討，具有相當的成果，唯探討對象大多集中於清代。

利率史的研究除了利用民間古文書外，尚有經濟學家吳聰敏、葉淑貞等人利用日治時期金融與官方的統計資料，對該時期的借貸利率進行研究。吳聰敏在其〈臺灣的名目利率與物價膨脹率〉一文中，利用日治初期以來臺灣的利率及物價資料進行分析，以驗證 Fisher 效果。吳氏在「臺灣的利率」這一節裡，試圖利用 1899 年至 1960 年間，臺灣銀行對於商業銀行的（最低）放款利率數據，以及 1961 年中央銀行在臺灣復業以後，央行對商銀的再貼現利率資料，繪製出 1899 年至 1986 年間名目利率的變化曲線圖（見圖五）。從名目利率的曲線變化圖看出，日治初期名目利率的升降起伏頗大，1920 年代

〔註18〕沈昱廷，〈北港吳資生家族研究〉，臺中：東海大學歷史研究所碩士論文，2007年。

初期開始，出現長期下降的**趨勢**，1945 年至 1950 年之間，則因受到惡性物價膨脹的影響，名目利率大幅上升。另外，吳氏還指出日治時期臺灣銀行的利率不僅高於日本的銀行利率，而且還受到日本國內利率的影響。最後吳氏於文末感嘆缺少日治時期民間借貸利率的資料，認爲如果能蒐集到眞正的民間借貸利率，並拿來與金融市場的利率相互比較，其結果應有助於解釋該文的實證結果。〔註 19〕

圖五：名目利率與躉售物價膨脹率（1899～1986）

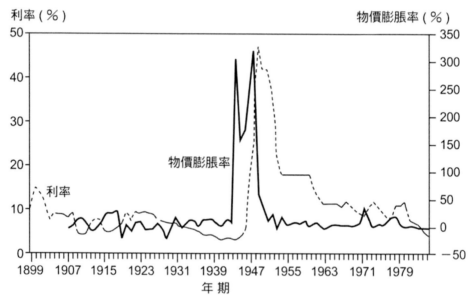

資料來源：吳聰敏，〈臺灣的名目利率與物價膨脹率：1907～1986 年〉，《經濟論文叢刊》，第
23 卷第 4 期（1995 年 12 月），圖一，頁 421。

葉淑貞在探討日治時代臺灣地租是否過高的問題時，試圖藉由日治時期臺灣借貸市場利息的高低來評定。其中在探討借貸市場利率高低的部份，是利用臺灣總督府編輯的《農業金融調查》與《臺灣金融年報》的官方數據。前者是臺灣總督府於 1933 年、1940 年對農家借債狀況所進行的調查資料，後者則是從該年報中引用勸業銀行及農村信用組合的定期存款利率數據。葉氏

〔註 19〕 「Fisher 效果」則是指當借貸市場上套利機會殆盡之後，名目利率大約等於預期實質利率與預期物價膨脹率之和。「再貼現」是指一般銀行以其對顧客貼現而持有的商業票據，向中央銀行請求給予再貼現，以取得現金。「再貼現利率」就是中央銀行對一般銀行向其要求重貼現時所收取的利率。吳聰敏，〈臺灣的名目利率與物價膨脹率：1907～1986 年〉，頁 419～443。

圖 2-1　新屋鄉行政區域圖

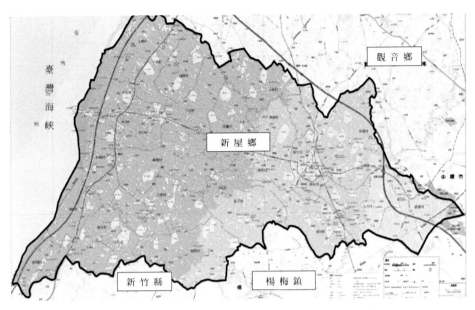

資料來源：http://www.shinwu.gov.tw/core/main/index.php 行政區域圖。

三、清領時期漢人移墾

　　康熙 22 年（1683），臺灣納入清朝版圖。隨著鄭氏覆亡，鄭氏時之屯軍、遷民，均紛紛返回大陸，人口驟減。施琅〈靖海紀事壤地初闢〉：「文武官員、丁卒與各省難民，相率還籍近有其半，人去業荒，勢所必有。」當時全臺情形如此，新屋地區亦無例外。〔註7〕康熙 23 年（1684），清朝正式將臺灣劃入版圖，設官治理，新屋地區隸屬於臺灣府諸羅縣管轄。康熙 36 年（1697），郁永河來臺，《裨海紀遊》中描述：「自竹塹迄南崁，八、九十里，不見一人一屋，求一樹就蔭不得。」《諸羅縣志》也記載：「竹塹、南崁以北，皆盡日無人之境。」轄區內應仍為平埔族活動範圍，漢人尚未大量移墾。此時桃園地區的平埔族依然屬南崁四社，南崁社、坑仔社、龜崙社及霄裡社，如圖 2-2。〔註8〕日治時期的學者伊能嘉矩指出：南崁四社原居於臺灣北端的三貂角，後沿海岸西進，經過基隆的社寮島、北海岸的金山、淡水後，越過淡水河到對

〔註7〕　盛清沂，〈新竹、桃園、苗栗三縣地區開闢史（上）〉，頁 156～157。
〔註8〕　周鍾瑄修，《諸羅縣志》（臺北：行政院文化建設委員會，2005 年），《清代臺灣方志彙刊》第三冊，頁 48～49。

岸的八里，再沿西北海岸南下，於今林口臺地西側形成坑仔社，林口臺地西南側形成南崁社；在龜崙山南麓定居者是龜崙社；另一支穿過桃園平原，於平原東南部定居則是霄裡社，[註9] 而新屋鄉所在位置大概於南崁社附近。

圖 2-2 康熙 56 年（1717）桃園地區山川圖（圖中加框者）

資料來源：周鍾瑄修，《諸羅縣志》（臺北：行政院文化建設委員會，2005 年），《清代臺灣方志彙刊》第三冊，頁 48～49。

康熙 24 年（1685）福建泉州人陳瑜在南靖厝（於鶯歌、三峽臨大漢溪一帶）招佃耕種，其所在地與桃園相鄰，極可能為內地漢人移墾桃園的開始。不過當時移墾所到之處主要僅止於尖山以東、舊大漢溪河道以北的狹小河谷平原，對於桃園還沒有產生直接且重大的影響，更遑論新屋地區。康熙末年，位於南靖厝和竹圍（今桃園縣大園鄉）的南崁港口之間，開始出現了貿易線。最初由廣東嘉應州人在南靖厝向原住民租借土地，並在海船抵達南崁港時，

[註9] 尹章義編，《新屋鄉志》，頁 211。

加以整理後發現，地主在農村的融資上可能扮演重要的角色，除了將相當的資金直接借給農民之外，也可能將多餘的資金的一部份存入銀行或類似的金融組織，如勸業銀行、產業組合等。因此，地主對資金的運用除傳統的購地出租他人，收取地租外，還可能將資金存入銀行或信用組合等金融機構，或將其投入農村借貸市場等非金融機構，賺取利息收入。此時，銀行等金融機構的存款利率與借錢給農民的利率孰高孰低，將成為地主運用資金的重要衡量因素。在探討利率變動的過程中，葉氏指出 1920 年代下半期農村最盛行借貸利率可能高於 10%～15%，1930 年代普遍維持在利率 10%～15%，1937 年則低於利率 10%～15%；而一般金融機構的一年期定期存款利率，在 1927 年時約為 6%，而到了 1930 年代，無論是金融機構或信用組合的利率都呈現持續下降的趨勢。因此，葉淑貞認為由農村借款利率所求得的利息應該是地主購地資金之機會成本的上限；而從金融機構存款利率所算出的利息，則是地主購地資金之機會成本的下限，由此可見民間借貸的獲利大於銀行。〔註20〕

　　綜合以上所論，對於清代臺灣民間借貸的研究已有相當成果，而日治時期的部份雖有豐富的金融統計資料，然而誠如吳聰敏所言，日治時期的利率資料尚乏整理分析，尤其是民間借貸利率的部份，還有待發展。〔註21〕再者，根據王世慶對古文書的解讀與分類，帳簿是了解地方社會、經濟與庶民生活不可忽視的參考史料。〔註22〕在帳簿資料上所建構出的社會經濟史，通常能更細緻更貼切的反映民間生活。這是本文運用該類史料，對日治時期臺灣北部民間借貸利率進行探討的原因。

　　在進行探討之前，筆者認為應先對目前臺灣地區現存所見帳簿資料進行檢視。臺灣目前帳簿資料以中央研究院臺灣史研究所的古文書室，和王世慶彙編的《臺灣公私藏古文書影本》為最主要的出處。賴玉玲、曾品滄、何佳韻等人皆曾對上述所藏帳簿作一完整的表格整理，〔註23〕因此筆者在前人基

〔註20〕葉淑貞，〈日治時代臺灣的地租水準〉，《臺灣史研究》，第 8 卷第 2 期（2001年 12 月），頁 97～143。

〔註21〕吳聰敏，〈臺灣的名目利率與物價膨脹率：1907～1986 年〉，頁 420。

〔註22〕王世慶、楊緒賢，〈臺灣地區古文書、家譜之調查研究〉，收於張炎憲主編，《歷史、文化與臺灣》（臺北：臺灣風物雜誌社，1988 年），上冊，頁 109～130。

〔註23〕賴玉玲，〈帳簿的運用與史料價值——以《粵東義民祀典簿》為例〉，《史匯》，第 5 期（2001 年 8 月），表一，頁 18～20。曾品滄〈臺灣舊式帳簿的搜集與運用〉，《中國現代史專題研究報告（二十一）——臺灣史料的蒐集與運用討論會論文集》（中華民國史料研究中心編印，2000 年），表二、表三，頁 485

礎之上，特將日治時期的帳簿再作整理，如表五所列。

表五：臺灣地區目前現存日治時期帳簿資料一覽表

名　稱	地　區	帳簿性質	時　間
霧峰林家錦榮堂帳簿	霧峰		清光緒 14 年至日治昭和 4 年（1888～1929）
金英源日清簿	新莊	日清簿	明治 29 年 2 月至 36 年 5 月（1896～1903）
金英源丙申年開張帳簿	新莊		明治 29 年 6 月（1896）
林裕本堂己亥全年家費早多租項總結冊	霧峰	總簿	明治 32 年、33 年（1899、1900）
費麥克資料（二）（金成號立號草清簿、金裕立號貨底數簿、金裕立號草清第一本數簿）	不詳	草清簿	明治 38 年、39 年（1905、1906）
人身契、中部地區契字、帳簿	苗栗二堡房子仔庄、五里牌庄		明治 42 年、大正 6、7 年（1908、1927、1928）
長安嘗賬簿	新竹新埔街	賬簿	明治 44 年（1910）
孔聖嘗賬簿	新竹新埔街	賬簿	明治 44 年（1910）
崇文嘗賬簿	新竹新埔街	賬簿	明治 45 年（1911）
群興嘗賬簿	新竹新埔街	賬簿	明治 45 年（1911）
建昌嘗賬簿	新竹新埔街	賬簿	明治 45 年（1911）
誠應嘗賬簿	新竹新埔街	賬簿	明治 45 年（1911）
集福嘗賬簿	新竹新埔街	賬簿	明治 45 年（1911）
崇文嘗即文昌嘗賬簿	新竹新埔街	賬簿	大正 2 年（1913）
延世嘗即注生娘	新竹新埔街		大正 2 年（1913）
孔聖嘗	新竹新埔街		大正 2 年（1913）
林怡成第四本日清總簿	宜蘭街	日清總簿	大正 2 年（1913）
春記支號壬子全年結冊	臺北市		大正 2 年（1913）
李節記壬子全年結冊	臺北市		大正 2 年（1913）
金聯春	三峽鎮		大正 5 年（1916～1917）

～490。何佳韻，〈日治時期臺灣北部地方米價的新探索——《新屋鄉葉氏嘗簿》的解讀與分析〉，表1～1，頁6～7。

購買貨物，再與原住民交易，利市可達百倍。〔註10〕

　　根據文獻記載，新屋地區到康熙末年（18世紀初）就已經有漢人入墾的記錄，從桃仔園（今桃園市）進入新屋開墾的陸豐人羅正遇後裔爲始。雍正年間，以廣東籍的移民居多，計有惠州陸豐縣籍的黃特成；同縣屬姜世良派下之姜仕賢、姜登文、姜仕傑等；同屬姜仕良派下的姜仕俊率子姜朝鳳、姜朝坤先入墾新豐，隨後姜朝坤再入墾新屋；惠州姜勝本墾號與郭振岳墾號共墾社子溪以北地區；惠州陸豐縣籍之曾大舉、曾大翌兄弟開墾今下埔村。至此時期，福建籍的入墾者，已知僅有漳州府龍溪縣籍的郭振掬所組成之郭振岳墾號，與姜勝本墾號共墾此區。〔註11〕

　　到了乾隆年間，已有許多漢人移墾的田園出現。如圖2-3是乾隆時期的桃園新竹地區，〔註12〕而新屋地區的範圍應在芝巴里社、內澗仔力（兩者皆今中壢）以南，大溪墘（今楊梅鎮西北部一帶）、波羅粉庄（今新竹縣湖口鄉）以西，鳳山崎（今新竹縣湖口鄉）、紅毛港（今新竹縣新豐鄉）以北一帶。〔註13〕此時期可算是漢人入墾新屋的高峰期，拓墾者仍以來自廣東的移民居多；而粵籍移民當中，又以惠州府籍人數最多，包括乾隆3年（1783）有黃榮康之妻范氏攜子黃勝寬等入墾今笨仔港地區；羅萬韜、鄭泰容、鄭泰耀兄弟拓墾新屋；乾隆初年，同縣之傅瑞祿入墾新屋；乾隆中葉，徐殿才、徐德輝、徐宗取、葉春日、莊元卿、曾濬玉入墾本區；羅允玉開墾上青埔地區；海豐縣之曾昌茂開墾笨仔港地區，並建築三七圳，灌溉社子溪下游區域。其次是屬於嘉應州的客家人，包括鎮平縣籍之鍾捷元、黃純賓；乾隆中葉，黃元揚、黃元英兄弟分墾新屋、中壢、頭份等地；五華縣籍之古揚基、古招基、古厚基、古尾基先入墾楊梅，部分後裔再移墾至新屋、湖口地區。再次是屬於潮州府的客家人，先後有乾隆10年（1745）揭陽縣籍之呂啓昌來到新屋開墾；乾隆年間豐順縣籍之呂友河；乾隆末年之邱祖輝。至於乾隆年間入墾新屋的福建籍移民，則有屬汀州府永定縣籍之江鑑周開墾本區；乾隆初

〔註10〕中華綜合發展研究院應用史學研究所，《桃園市志》（桃園：桃園市公所，2005年），頁47。

〔註11〕尹章義編，《新屋鄉志》，頁104。

〔註12〕《清乾隆朝臺灣輿圖》（臺北：國立故宮博物院，出版年不詳），清乾隆二十一年至二十四年(1756～1759)年間繪製，原圖46x667公分，原版收藏於國立故宮博物院。

〔註13〕洪敏麟，《臺灣舊地名之沿革》，第二冊，（上），頁54～184。

年漳州府詔安縣籍之游世叟入墾龜山，子孫後遷入新屋；乾隆 59 年（1794），
泉州府同安縣籍的李信建開墾深圳地區。〔註14〕

圖 2-3　乾隆時期桃仔園、竹塹地區

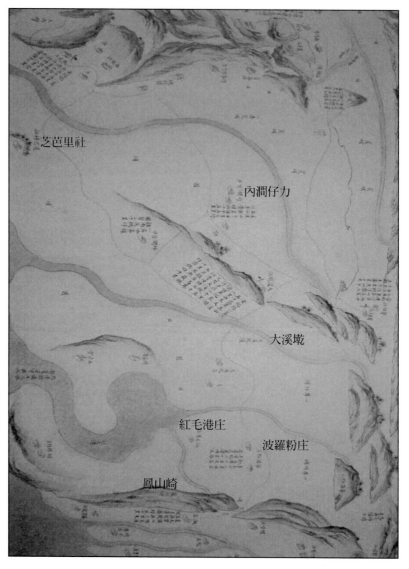

資料來源:《清乾隆朝臺灣輿圖》（臺北：國立故宮博物院，出版年不詳），
清乾隆二十一年至二十四年（1756～1759）年間繪製，原圖
46×667 公分，原版收藏於國立故宮博物院。

〔註14〕尹章義編，《新屋鄉志》，頁 104～105。

四房公帳簿（深坑陳魁）	臺北深坑		大正 5 年至昭和 7 年 12 月（1916～1932）
福德正神神明會─日帳簿三冊（日清簿二件、什記帳簿一件）	臺中大甲	日清簿	大正 7 年、昭和 11 年、13 年（1918、1936、1938）
北埔姜家帳簿	北埔		大正 11 年至昭和 10 年（1922～1935）
金聯興金商第一部號頭部	三峽鎮		大正 12 年 9 月（1923）
修齊堂日清簿三冊	不詳，疑爲彰化一帶	日清簿	大正 13 年（1924）、大正 14 年至昭和 6 年（1925～1931）、昭和 3 年（1928）
地租帳簿（廖興記）	三峽鎮		大正 14 年（1925～1926）
廖氏帳簿	三峽鎮		大正年間
借銀及地租帳簿	三峽鎮		昭和 5 年（1930～1931）
蔡正直商店總簿	不詳	總簿	昭和 10 年、11 年（1935、1936）
租簿、帳簿	不詳		昭和 11 年至民國 36 年（1936～1947）
開費日記簿	三峽鎮		昭和 14 年 8 月（1939）

資料來源：參考賴玉玲，〈帳簿的運用與史料價值——以《粵東義民祀典簿》爲例〉，《臺灣史研究》，第 8 卷第 2 期（2001 年 12 月），表一，頁 18～20。曾品滄，〈臺灣舊式帳簿的搜集與運用〉，《中國現代史專題研究報告（二十一）——臺灣史料的蒐集與運用討論會論文集》（中華民國史料研究中心編印，2000 年），表二、表三，頁 485～490。曾品滄，〈晚清臺灣士紳家族物質生活初探——以霧峰林家錦榮堂之飲食爲例〉，收於胡春惠、吳景平主編，《現代化與國際化進程中的中國社會變遷》（復旦大學歷史學系暨香港珠海大學亞洲研究中心編印，2003 年），頁 689。何佳韻，〈日治時期臺灣北部地方米價的新探索——《新屋鄉葉氏嘗簿》的解讀與分析〉（臺南：國立成功大學歷史學系在職專班碩士論文，2010 年），表 1～1，頁 6～7。

說　　明：1. 表五所列者除《霧峰林家錦榮堂帳簿》、《北埔姜家帳簿》分別爲許雪姬、北埔姜家所收藏外，其餘皆出自中央研究院臺灣史研究所古文書室與《臺灣公私藏古文書影本》。
　　　　　2. 其中霧峰林家錦榮堂帳簿的名稱與時間，本文採用曾品滄於〈晚清臺灣士紳家族物質生活初探——以霧峰林家錦榮堂之飲食爲例〉的說法。

　　從表五可以看出，中研院臺史所古文書室與《臺灣公私藏古文書影本》所藏日治時期的帳簿共有 31 份，數量不多，且性質不一，有日清簿、總簿、帳簿等。在地區分布上，以臺灣中北部居多。帳簿時間則多爲 1~3 年，少數如《金英源日清簿》有 7 年、《修齊堂日清簿》有 8 年、《北埔姜家帳簿》有 13 年、《四房公帳簿（深坑陳魁）》有 17 年、《霧峰林家錦榮堂帳簿》則有 41

年的時間。其中《北埔姜家帳簿》與《霧峰林家錦榮堂帳簿》雖然規模龐大，達百餘冊，但除後者曾被學者加以運用從事租佃研究之外，目前學界大多利用這兩部帳簿群，從事家族史、區域拓墾史、社會生活史等層面的研究。至於物價、米價、利率等經濟面向的研究至今尚未出現。接著，筆者將介紹《北埔姜家帳簿》與《霧峰林家錦榮堂帳簿》目前在學界運用的情形。

在《北埔姜家帳簿》史料運用方面，莊英章、連瑞枝以該帳簿群爲材料，合撰〈從帳簿資料看日據北臺灣鄉紳家族的社會經濟生活：以北埔姜家爲例〉一文。該帳簿群大致可分爲《日清簿》、《收入開費總抄簿》、《內外各佃總抄簿》三類，保存時間約在大正 11 年至昭和 10 年間（1922～1935）。其將這些不同性質的帳簿進行有效的比對與分析，藉以探討日治時期北埔姜家在土地與產業投資方面的取向，進而說明當時臺灣鄉紳家族如何在政治變動之下保有其原有的經濟優勢；同時從帳簿顯示的各種收入支出比例中，瞭解當時臺灣大家族日常生活的內容及其消費分配的情形。其中值得注意的是，《內外各佃總抄簿》含有姜家借貸利息的記錄，且發現姜家放款利率一直保持在 10%，可見姜家自清治以來便是地方上的融資中心。〔註 24〕據此，筆者推測北埔姜家帳簿應含有不少民間借貸數據，只不過作者或後人未能加以整理分析，實爲遺憾之處。

吳聲淼則在吳學明教授的指導之下，利用北埔姜家帳簿部份資料，來探究該地區伯公（土地公）信仰的發展情形。在其〈隘墾區伯公研究：以新竹縣北埔地區爲例〉一文中，將《收入開費總抄簿》中寄附金與祭典費的支出項目及金額整理列表，發現姜家寄附金是以慈天宮電料費爲主，但所占金額不大。大正年間，寄附金的支出以「做戲」所占的比例較大；在昭和以後，則多花在青年團的捐獻、學校運動會、造橋修路等地方公益。至於祭典費的支出大部份花在購買祭品、金香與食福等。其以帳簿在寄附金與祭典費方面的支出比例，來說明身爲墾戶首的姜家積極參與地方祭祀活動與地方公益事業。〔註 25〕

至於《霧峰林家錦榮堂帳簿》史料運用方面，有曾品滄、張怡敏分別利用該帳簿群進行不同議題的研究。曾品滄透過光緒年間遺留的諸本帳冊，重

〔註 24〕莊英章、連瑞枝，〈從帳簿資料看日據北臺灣鄉紳家族的社會經濟生活：以北埔姜家爲例〉，《漢學研究》，第 16 卷第 2 期（1998 年 12 月），頁 79～114。

〔註 25〕吳聲淼，〈隘墾區伯公研究：以新竹縣北埔地區爲例〉，桃園：國立中央大學客家社會文化研究所碩士論文，1998 年。

　　乾隆之後，土地漸次開墾，入墾者也逐漸減少。目前已知在嘉慶以後的有惠州陸豐縣籍之莊相富、莊思強開墾本區；惠州陸豐縣籍之羅弘樂開墾今石磊村；道光年間，有嘉應州梅縣籍蕭雲坤開墾新屋；嘉應州鎮平縣籍徐麟書進入後湖地區開墾。〔註15〕

　　從前述看來，清代新屋地區的開墾者，是以來自廣東的客家移民居多，包括惠州、嘉應州、潮州等地。至於福建籍的移民，除了龍溪縣籍的郭振岳墾號，以及泉州同安縣籍移民確屬福佬人之外，汀州府永定縣與漳州府詔安縣，客家人所佔比例不少，因此這些汀州、漳州移民屬於客家人的機率並不低。因此，新屋開墾的主力，是以客家人為主。〔註16〕

四、日治時期的行政區劃

　　光緒21年（1895），馬關條約簽訂，割讓臺灣、澎湖給日本。日本於1896年全臺軍事大致底定後，設臺北、臺灣、臺南三縣及澎湖廳，臺北縣下設淡水、基隆、宜蘭、新竹四支廳。新屋地區劃歸在臺北縣新竹支廳的竹北二堡行政區內。明治30年（1897），除了將原有3縣1廳改為6縣3廳，在縣廳下設置辦務署，辦務署之下設置街、庄、社等做為行政事務的輔助機關。此時，新竹縣下轄新竹、北埔（後改為樹杞林）、新埔、頭分、苗栗、苑里、大甲7個辦務署，新屋隸屬於新竹縣新埔辦務署的管轄範圍內。明治31年（1898），兒玉源太郎接任第四任臺灣總督，認為臺灣應該統一、簡化官制，並將行政區劃設為3縣3廳，新竹縣併入臺北縣，新屋地區則隸屬於臺北縣新埔辦務署楊梅壢支署。隔年，又改隸為臺北縣桃仔園辦務署。明治34年（1901），總督府以原有總督府一縣廳一辦務署之三級區劃的行政制度，在行政上缺乏靈活度，因為直接擔任地方政務者為辦務署，縣與廳不過是傳達機關，而縣、廳所需費用頗大，卻無太大效能，因此實施地方官制革新，廢除縣及辦務署，全臺分設20廳。臺北縣改劃分為臺北、基隆、新竹、深坑、桃仔園5廳。其中桃仔園廳下轄中壢、楊梅壢、大坵園（今桃園縣大園鄉）、三角湧（今臺北縣三峽鎮）、大料崁（今桃園縣大溪鎮）、咸菜棚（今新竹縣關西鎮）6支廳。此時，新屋地區隸屬於桃仔園廳楊梅壢支廳的管轄範圍，如圖2-4是日治時期的新屋庄。〔註17〕直到明治42年（1909），佐久間左馬太任第

〔註15〕尹章義編，《新屋鄉志》，頁105。
〔註16〕尹章義編，《新屋鄉志》，頁105。
〔註17〕臺灣總督府臨時臺灣土地調製，《臺灣堡圖：一九〇四年（明治三十七）年調

五任臺灣總督認為臺灣治安已漸安定，原來的小區域的地方廳政制度已無需要，於是將原有的 20 廳改為 12 廳，廳下仍設支廳。桃園廳共設有 27 個區，楊梅壢支廳下轄楊梅壢區、大坡區、新屋區。新屋地區包含新屋區與部份大坡區。

圖 2-4　日治時期新屋庄

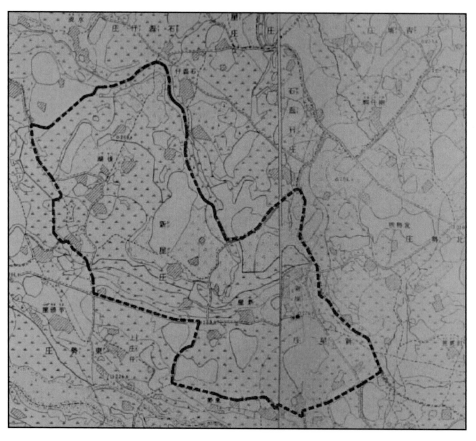

資料來源：臺灣總督府臨時臺灣土地調製，《臺灣堡圖：一九○四年（明治三十七）年調製》（臺北：遠流出版社，1996 年），頁 63～68。

　　大正 9 年（1920），總督府再度進行地方行政制度變革，廢除臺灣西部 10 廳，新設臺北、新竹、臺中、臺南、高雄 5 州。新竹州下轄新竹、中壢、桃園、大溪、竹東、竹南、苗栗、大湖 8 郡，郡下設街、庄。中壢郡下轄中壢

製》（臺北：遠流出版社，1996 年），頁 63～68。

新建構晚清臺灣士紳家族物質生活（飲食）的內容與趨向，並從中看出林家
企圖扭轉昔日土豪型士紳形象，展現富裕風雅之傳統中國士紳風範的努力。
這些帳簿中除「各庄往來總抄簿」有佃人繳納米穀與借貸利息的資料外，大
部份都記載光緒年間錦榮堂所有交易往來的事項。此外，曾品滄亦指出該帳
簿在研究上的限制，除登載交易項目不夠詳盡之外，整部帳簿群雖然數量龐
大，記載時間夠長，但並不完整。〔註26〕

　　張怡敏則運用錦榮堂帳簿日治時期的資料，以林家為個案，來探討地租
如何轉化為產業資本，進而說明臺灣資本主義與地主制的關連。張氏在推估
林家土地面積時，利用帳簿中有關林野開墾費用的記錄，藉以說明林家在日
治初期已屬全臺一流地主。其次，根據各年佃耕（總）簿、收租草清簿、佃
人租谷（穀）收集抄簿、各庄佃耕帳等帳簿資料，整理出 1901 年至 1930 年
間林家歷年應收與實收租額、承租佃農人數、大小佃農所占比重等數據，發
現各年實收佃租與應收佃租始終處於 6%的差距範圍之內，顯示林家佃農繳租
能力頗強，欠租情形並不多見。同時指出在林家租佃結構中，存在著藉由轉
贌以獲利的佃頭（介於地主與佃農之間），而佃頭正是林家收租穩定的必要條
件。最後從帳簿中發現現金佃租有逐漸取代實物佃租的趨勢。以上為張氏利
用錦榮號帳簿群透露出的租額訊息，對林家租佃事業所展開的研究。唯該帳
簿是以小楷草書書寫，加上帳簿保存年代過久，有部份脫落、水漬、蟲柱等
毀損的情形，增加研究與辨識上的困難。〔註27〕

　　本論文以《新屋鄉葉氏嘗簿》為研究材料，帳簿記錄時間從明治 34 年至
昭和 18 年（1901～1943），共計 43 年，在數量上雖不及《北埔姜家帳簿》與
《霧峰林家錦榮堂帳簿》，但在時間上則遠超過目前臺灣地區現存日治時期帳

〔註26〕林家光緒年間遺留的帳簿有：「光緒十四年元月錦榮置交關往來總抄簿」、「光
　　　　緒十六年葭月錦榮置交關往來總抄簿」、「光緒十八年桂月錦榮置交關往來總
　　　　抄簿」、「光緒己丑年（十五年）各庄往來總抄簿」。整部帳簿群共 107 冊，記
　　　　載時間始於光緒 14（1888），終於昭和四年（1929），數量雖多，但並不完
　　　　整。以光緒 14 至 20 年（1888～1894）為例，僅留下上述帳簿，然而依據上
　　　　述帳簿內容所載，這時期應還有「租總簿」、「米總簿」、「借項簿」等名目帳
　　　　簿，但都未見於該批帳簿群之中。曾品滄，〈晚清臺灣士紳家族物質生活初探
　　　　──以霧峰林家錦榮堂之飲食為例〉，收於胡春惠、吳景平主編，《現代化與
　　　　國際化進程中的中國社會變遷》，復旦大學歷史學系暨香港珠海大學亞洲研究
　　　　中心編印，2003 年，頁 685～698。
〔註27〕張怡敏，〈日治時代臺灣地主資本累積之研究──以霧峰林澄堂系為個案〉（臺
　　　　北：政治大學地政學系博士論文，2001 年），頁 1～160。

簿資料,是難得的珍貴史料。就帳簿時間而言,《新屋鄉葉氏嘗簿》記錄連續且少闕漏。就研究地區而言,在桃園地區被發現且研究的帳簿不多。就帳簿性質分析,是祭祀所需記錄的嘗簿,也屬少有。因此本文所用《新屋鄉葉氏嘗簿》,資料完整且帳簿記載的起迄時間較長,對於探討民間借貸利率變化而言,是具有開創性的史料。本文的目的即在將這種來自民間的帳簿利息資料予以解讀,試圖整理出日治時期臺灣北部民間借貸利率的趨勢變化,並與近人研究的利率變動作一比較。

在進入本文之前,先對本文所用的研究方法與章節架構作一陳述。《新屋鄉葉氏嘗簿》雖然字跡工整,易於解讀,但涉及數量、金額時,多以蘇州碼記錄。因此筆者認為在研究步驟上,須先熟悉舊式帳簿記帳方式,如帳簿結構、記碼體系、常用術語、及貨幣與度量衡單位等。在解讀帳簿部份,主要參考片岡巖《臺灣風俗誌》一書與曾品滄〈臺灣舊式帳簿的搜集與運用〉一文。其次,將帳簿解讀出的借貸利息資料,在檢視其可信度之後,將這些數據依時間數列繪製成長期趨勢圖,以觀察民間借貸利率在長時間內漸增或漸減的傾向,是長期變動趨勢。最後,將建構出的民間利率變動趨勢,再與前人的研究做一比較,以突顯帳簿在學術研究上的史料價值,進而提昇本文的嚴謹度與可靠性。

整篇論文在行文脈略上,第一章除了敘述研究動機、目的與方法之外,主要是針對以往學者做過的利率史研究進行爬梳與回顧,以了解目前學界的研究概況;由於《新屋鄉葉氏嘗簿》為葉氏家族的收支帳簿,裡頭除米穀交易資料外,以借貸數據居多。因此第二章在說明嘗簿內容的書寫樣貌之後,將先對嘗簿中豐富多樣的借貸訊息進行分析,篩選出有效的數據資料;進而從篩選出的有效資料進行探究,企圖重新建構日治時期葉氏家族實際從事借貸活動的原貌。第三章則以《新屋鄉葉氏嘗簿》為個案,說明日治時期臺灣北部民間借貸的共同特徵與利率變化,同時探討不同利率水平變動的狀況。首先比較穀物與貨幣利息利率長期發展的情形,是呈現逐漸上升或下降的趨勢;次而將葉氏家族借貸利率與當時新屋地區的米價數據作一比較,以探究借貸利率與物價漲跌的關係;然後將自帳簿建構出的借貸利率水平,分別與前人運用同時期不同性質史料,如臺灣銀行等此一新式金融機構的存放款利率,以及官方對農家借債狀況的國勢調查資料,所考察出的借貸利率列相比較。目的在於觀察民間與銀行之間、民間與民間之間的借貸利率變動有何異同。最後綜合前述作一結論。

第二章 《新屋鄉葉氏嘗簿》中的民間借貸案例

　　《新屋鄉葉氏嘗簿》內容記載著明治 34 年至昭和 18 年（1901～1943）葉氏家族烝嘗的各項收支概況，因此本章將先對葉氏嘗簿之性質、書寫方式、記碼體系、貨幣單位等進行說明；其次再針對嘗簿中豐富多樣的借貸訊息進行分析，篩選出有效的數據資料，進而從篩選出的有效資料進行探究，分別在借貸對象、借貸數額、貸款償還年限、利息多寡及其負擔方式等方面，試圖還原日治時期葉氏家族從事借貸交易的原貌。

第一節　嘗簿的書寫及其借貸資料分析

一、嘗簿書寫

　　《新屋鄉葉氏嘗簿》為新屋鄉鄉長葉佐禹之祖先遺物，早先已有何佳韻以該本嘗簿為主要史料，完成〈日治時期臺灣北部地方米價的新探索——《新屋鄉葉氏嘗簿》的解讀與分析〉一文，整理出 1901 年至 1943 年新屋地區的米價訊息，進而探討日治時期臺灣北部地方米價的變動趨勢。[註 1] 因此本文亦試圖透過《新屋鄉葉氏嘗簿》的解讀與分析，整理出這段時間新屋地區的借貸利息訊息，試圖從中考察日治時期臺灣北部民間借貸利率發展的情形，

〔註 1〕 何佳韻，〈日治時期臺灣北部地方米價的新探索——《新屋鄉葉氏嘗簿》的解讀與分析〉（臺南：國立成功大學歷史學系在職專班碩士論文，2010 年），頁2。

以觀察利率上升或下降的長期趨勢。

中國傳統帳簿可分爲草清簿、日清簿及總簿三種。草清簿成於各店舖夥記之手，逐日記載每筆交易，以便捷、詳備爲原則，因而往往有潦草和塗改的情形。日清簿則從草清簿轉抄而來，由掌櫃、家長或營業主掌理，每日或每隔數十日結帳一次，有的則在每月底結帳。正本日清簿絕少塗改，出入分明。總簿又稱總分類帳，是將前述各式帳簿所記錄的內容，依來往主顧的商號、人名或交易物名加以分類整理。先將其戶頭名號分別書於各頁頁頭，其下再轉抄錄日清簿內所記錄的交易情況。至每年年終時，再加以結算。年終結算時，除抄錄「出」、「入」項，並決算出入項目後，在總簿內書明盈餘或虧損數目。〔註2〕

除此之外，帳簿尚有完租簿與浮簿，爲臺灣現存帳簿較常見者。完租簿是業主登錄收納租金及收受磧地銀的帳簿，亦稱爲租佃簿、耕佃簿，以佃戶名稱爲戶頭，其下記載租田面積、磧地銀多寡，之後再依序記錄每年收租狀況，因每年田租皆分早晚兩季繳納，致一年度的記錄往往只有兩筆。清代臺灣的經濟活動以農墾爲主，即使後來隨著經濟日漸發展，商人勢力漸顯露，但商人往往也有兼營土地事業，因此臺灣現存帳簿中，完租簿一直占有相當的份量。浮簿則是用以專門記錄無法兌現的賒賣欠帳，業主於每年日清簿轉記總簿時，將無法兌現的賒帳轉記於此。〔註3〕

本論文所使用的史料應被歸類於哪一類呢？根據何佳韻的命名與分類，《新屋鄉葉氏嘗簿》是以葉氏家族烝嘗爲主體來紀錄，內容包括地租、物品、辛金、借貸、祝賀或奠儀金等，都是爲保持烝嘗運作正常以及照料烝嘗成員所需要的收支資料，因此得名。該帳簿筆法工整清晰，非字跡潦草且多塗改的草清簿，且帳簿資料以年爲單位加以整理記錄，登錄烝嘗每年的收支狀況，並決算盈虧，故亦非日清簿，應可歸類爲總簿。又因葉家帳簿中有收納租金及磧地銀的訊息，亦可歸類爲完租簿。〔註4〕

該份帳簿記錄時間爲明治34年至昭和18年（1901～1943），共計四十三

〔註2〕曾品滄，〈臺灣舊式帳簿的搜集與運用〉，《中國現代史專題研究報告（二十一）——臺灣史料的蒐集與運用討論會論文集》（中華民國史料研究中心編印，2000年），頁477～478。

〔註3〕曾品滄，〈臺灣舊式帳簿的搜集與運用〉，頁477～478。

〔註4〕何佳韻，〈日治時期臺灣北部地方米價的新探索——《新屋鄉葉氏嘗簿》的解讀與分析〉，頁38。

年的時間，帳簿多達一百四十九頁，開端為烝嘗序文、嘗約，接著記錄烝嘗成立之初族人所納丁穀數量，以及書明烝嘗所有契券與土地臺帳謄本全委交由南勢庄葉茂南經理人收存，從第三十六頁開始記錄烝嘗的各項收支概況。在記載收支項目前會先註明每年的時間及當眾清算日期，之後頁面分成上下兩欄，上欄為「開」即支出，下欄為「收」即收入，分別自右而左記錄收支的項目、數量、金額，例如：大正十三年（1924）「開癸亥十一月初七臺北祖堂冬祭祀金 174.13 元」、「收內壢新佔租穀金 36 石金 226.8 元」〔註5〕原則上，一年會將收入與支出分別整理核算後，再相扣除，每年皆有盈餘，寫成「對扣除外仍長存金○○元」，常於每年 8 月 13 日當眾清算。〔註6〕（請參見圖六）

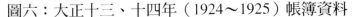

圖六：大正十三、十四年（1924～1925）帳簿資料

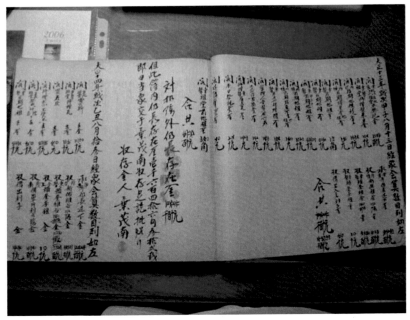

資料來源：《新屋鄉葉氏嘗簿》，頁 75

〔註 5〕《新屋鄉葉氏嘗簿》，頁 75。

〔註 6〕根據筆者統計，嘗簿在明治 34 年至昭和 5 年之間（1901～1930），於每年 8 月 13 日當會眾清算該年度收支狀況；昭和 6 年至昭和 10 年間（1931～1935）則於每年 8 月 12 日清算；昭和 11 年（1936）於 6 月 2 日清算；昭和 12 年（1937）於 3 月 31 日清算；昭和 13 年（1938）未明載清算與紀錄日期，僅記錄該年度的起迄時間；昭和 14 年至昭和 18 年（1939～1943）於每年 3 月 31 日清算。因此葉氏家族最常於每年的 8 月 13 日當會眾清算該年度的收支概況。整理自《新屋鄉葉氏嘗簿》。

　　在介紹完《新屋鄉葉氏嘗簿》的帳簿性質與組織架構之後，接下來針對嘗簿的書寫方式及貨幣單位進行說明。嘗簿所記錄的數字有大寫，如壹、貳、叁；或是小寫，如一、二、三；但在記載數目或總金額時，大多採用蘇州數碼，如表六。一般文字或大、小寫數字皆由上而下直式書寫，以蘇州數碼記載數目時，則以左至右橫式書寫，如上圖六。至於度量衡單位，以斤、斗、石爲主，而一石爲120斤。〔註7〕

表六：帳簿用數字對照表

小寫數字	零	一	二	三	四	五	六	七	八	九	十
蘇州數碼	〇	〡	〢	〣	〤	〥	〦	〧	〨	〩	〸

資料來源：片岡巖著，陳金田譯，《臺灣風俗誌》（臺北：眾文出版社，1987年），頁217。

　　仔細翻閱葉氏嘗簿後，發現帳簿中出現的貨幣單位有元、角、圓、員、円、錢、厘等，足以反映日本統治臺灣期間民間使用貨幣紊亂的情形。「元、角」是清代臺灣民間遺留的秤量貨幣〔註8〕，而「圓（員、円）、錢、厘」則是日本政府的貨幣單位。根據何佳韻的研究，從明治34年至昭和18年間（1901～1943），兩種計量單位並沒有明顯的分界，「元」、「圓」皆有。嘗簿中各款項多以「元、角」爲單位，而總金額則以「圓（員、円）、錢、厘」書寫，其各款項之加總與總金額無誤。因此，在日本殖民統治之下，儘管臺灣人把「元」、「圓」混淆使用，但不論是日幣圓銀的壹圓、臺灣銀行券的壹圓、粗銀一元或金壹圓，甚或外國貨幣計數銀的一元，其實都是以一個一個的「圓」單位作爲計算。因此，本篇論文計算價格的單位是「圓」，可視之爲「日幣圓」。〔註9〕

〔註7〕 片岡巖著，陳金田譯，《臺灣風俗誌》（臺北：眾文出版社，1987年），頁222。
謝美娥，《清代臺灣米價研究》（臺北：稻鄉出版社，2008年），頁402。

〔註8〕 清代臺灣民間採用秤量制的銀元制，是當時臺灣特有的貨幣交易現象。當時臺灣民間的經濟活動是以十進位（元、角、點、文）的銀元制爲主要的計算標準。19世紀中葉之後，各國銀元相繼流入臺灣，並同時在島內流通。然而，各主要銀元的成色重量均不相同，在交易時，各種銀幣的價值並非取決於面額，而是取決於含銀量。因此，當時臺灣民間所稱的「一元」指的是，貨幣數量單位的銀幣一枚，而非價值單位的銀幣一元。李世暉，〈日本政府與殖民統治初期臺灣的幣制改革〉，《政治科學論叢》（第38期，2008年12月），頁71～112。

〔註9〕 何佳韻，〈日治時期臺灣北部地方米價的新探索——《新屋鄉葉氏嘗簿》的解讀與分析〉，頁40～43。

表七：《新屋鄉葉氏嘗簿》貨幣單位

日治年	計量單位	備　註
明治 34 年（1901）	元、圓、円	
明治 35～40 年（1902～1907）	元、角	明治 37 年有「龍銀」 明治 39 年有「蓋印銀」
明治 41～43 年（1908～1910）	元、角	
明治 44 年-昭和 18 年（1911～1943）	元、角、円、圓、員、錢、厘	

資料來源：何佳韻，〈日治時期臺灣北部地方米價的新探索——《新屋鄉葉氏嘗簿》的解讀與分析〉（臺南：國立成功大學歷史學系在職專班碩士論文，2010 年），表 3～2，頁 42～43。

二、借貸資料分析

　　《新屋鄉葉氏嘗簿》中的借貸利息資料頗爲豐富，透過適當的篩選及運用科學的統計方式，便可一窺其中利率變動的情形。因此本文將利用葉氏帳簿中的利息訊息，篩選出有效的數據資料，建立一組可靠的利率數列，並運用時間數列分析法探究其變動趨勢。以下將針對帳簿裡借貸資料進行分析，篩選出有效的數據資料，才能建立可靠的利率數列。

　　該份帳簿所透露出的借貸訊息雖然不少，但並非所有資料都可以運用。大部份的借貸資料，記帳人員皆有書明借貸本金金額及所納利息的方式與數量。僅少部份資料只記載利息，未提及本金，或相反，但不論何種情況皆無法計算利率，如「昭和十二年收預金利子 20.16 元」。﹝註10﹞這種情形以大正 8 年（1919）至昭和 18 年（1943）間最爲常見。或雖有記載貸放本金金額與所納穀物利息的數量，但因缺少該年年平均米價資料，因此無法將穀物利息轉換成貨幣利息，在單位不同情形之下，依然不能求出借貸利率。上述情形則集中於明治 32 年至 33 年間（1899～1900）。因此，當數據資料中無法求得利率者即視爲無效資料。

　　至於有效資料的判斷，是指數據資料中含有借貸本金的總額，以及貨幣利息或穀物利息的總數量，亦即能呈現利率者。葉氏家族無論是貸放或借入款項，其繳納利息的方式不外乎爲貨幣與實物兩種，實物部份則以米穀爲主。大部份含穀物利息的資料都會一同記錄當時將米穀折算成貨幣的總金額，如

﹝註10﹞《新屋鄉葉氏嘗簿》，頁 90。

「收茂南借出千円利穀 27 石金 221.4 元」。〔註 11〕少部份未折算成時價者,如
「志就承己亥年借去母銀共 320 元,又現年欠去一年利穀 25.6 石」,〔註 12〕筆
者才依該年年平均米價折算成貨幣,〔註 13〕再計算其利率。如此,篩選出來
的數據資料才具備相同的單位,才能顧及彼此間的可比性。帳簿中可見有效
資料的記錄型態應爲以下數類:

 1.「收茂南清泉出借 950 元來利穀 44.4 石　124.32 元」〔註 14〕

 2.「收阿泉還來母銀 17.7 元」、「又貼現年來利銀 1.77 元」〔註 15〕

 3.「開志就承己亥年借去母銀共 320 元」、「每年每元貼利八升」〔註 16〕

 上述所論爲本文篩選無效與有效資料的標準與方法,以下將針對嘗簿之
有效資料進行個案說明與分析,逐一探究其借貸對象、金額多寡、納息方式、
以及利息高低等課題。

第二節　葉氏家族借貸利息分析

 從《新屋鄉葉氏嘗簿》的解讀發現,葉氏烝嘗經營良善,每年皆有盈餘,
而且對於結餘金額的處理於嘗規裡有明確約束,其文爲:

  一議日後嘗息旣大,始則營祀典,繼則置祀田,終則建　祖廟,此
  因時置(制)宜之道也。按此數大端,而外遇有綱常大典,仍是合
  族之名色的的要需用者,可開公費。〔註 17〕

  一議嘗內生放利息原爲祀奉　諸梁公起見,所有嘗內人等其無業契
  可據者,斷不得零星擅借嘗銀及谷(穀)石等項,即有業契可據,
  如係來歷不明及糾葛多端者,仍不准借,永爲定規。〔註 18〕

因此,嘗規已清楚交代當有盈餘時,結餘資金除購置田產與建祖廟外,尚可
將之借予族人周轉,並收取利息,足見當時烝嘗已具有資金融通的功能。而

〔註 11〕《新屋鄉葉氏嘗簿》,頁 75。

〔註 12〕《新屋鄉葉氏嘗簿》,頁 39。

〔註 13〕本文年均米價數據引自何佳韻「日治時期新屋地區米價及長期趨勢」的研究。
詳見何佳韻,〈日治時期臺灣北部地方米價的新探索──《新屋鄉葉氏嘗簿》
的解讀與分析〉,表 3～7,頁 49。

〔註 14〕《新屋鄉葉氏嘗簿》,頁 65。

〔註 15〕《新屋鄉葉氏嘗簿》,頁 43。

〔註 16〕《新屋鄉葉氏嘗簿》,頁 39。

〔註 17〕《新屋鄉葉氏嘗簿》,頁 31。

〔註 18〕《新屋鄉葉氏嘗簿》,頁 31。

結餘資金的處理則由值年經理人負責。

臺灣民間資金融通的方式主要有典、胎借、信借等，〔註 19〕但仔細翻閱葉氏帳簿，除嘗規有嚴格規定「所有嘗內人等其無業契可據者，斷不得零星擅借嘗銀及谷（穀）石等項」之外，均無任何有關借貸方式的敘述，例如債務人將不動產（如土地、建物）、不動產權（如大租、水租），或前兩者之字據作爲抵押，向債權人借款的記錄，因此無法探究債務人是以何種方式向債權人借。筆者僅能從嘗規的規定（無業契可據者不得擅借嘗銀及穀石），與借貸規模不小的訊息猜測，其彼此間的金錢借貸可能存有典、胎借的現象。

在貸款償還年限方面，帳簿均未明確寫明借期。筆者僅能從其帳簿某年支出與收入項目去推測貸款償還年限。例如大正 14 年（1925）帳簿收入項目出現「收茂南借出千円利穀 27 石金 221.4 元」的記錄，同樣資料又見於大正 15 年（1926）、昭和 2 年（1927）帳簿收入項目，表示葉氏家族這三年間因借出本金 1000 圓，每年可擁有 27 石的穀物利息收入。因此，筆者合理推測該筆借款期限應爲 3 年。本文借貸個案借期之推算均循此一模式。不過，因爲帳簿記載借貸利息時多以年息爲主，而且發現同一筆借款，續借者的利率固定不變，因此無論借期多久，均不影響利率的計算。〔註 20〕

因受限於史料，本文僅能針對嘗簿裡透露的借貸對象、借貸數額、納息方式、以及利息高低等訊息進行考察。綜觀葉氏家族自明治 34 年至昭和 18 年（1901～1943）共四十三年之間，在貸放方面，其債務人至少有 5 人以上，貸放錢額最少 17.7 圓，最多不超過 1000 圓；在借款方面，債權人至少有 3 人以上，借款錢額最少 30 圓，最多 180 圓。其利息有約定納穀者，也有約定納

〔註19〕「典」是指債務人將土地或建物等不動產或不動產權作抵押向債權人借款。借款金額較大，通常是抵押品賣價的八成左右，且債務人不用負擔利息，但債權人享有該抵押品的使用收益權。「胎借」則是債務人將動產或不動產權的字據作抵押向債權人借款。借款金額較典少，通常只有賣價的四五成，債務人須負擔利息，但債權人不得享有該抵押品的使用收益權。「信借」不需抵押品，但大多需要第三者親友作保認人，信借的金額通常比較少，但利息卻比典胎借爲高。王世慶，〈十九世紀中葉臺灣北部農村金融之研究：以興直堡銀主小租戶廣記爲例〉，見王世慶著，《清代臺灣社會經濟》（臺北：聯經出版事業公司，1994 年），頁 4～5。陳宛妤，〈法律繼受與傳統融資活動──以合會與當舖在臺灣的法律發展軌跡爲中心〉，（臺北：國立臺灣大學法律學研究所碩士論文，2005 年），頁 13～34。

〔註20〕 本文中的「續借」是指債務人在母本未還的情形之下，借款期限的延長，而非清償所借本息之後，再向債權人借款。《新屋鄉葉氏嘗簿》，頁 75、77、78。

銀者。茲將其利息之收支變動情形分述於後。

一、葉氏家族貸放之利息

（1）債務人志就：從明治34年（1901）帳簿支出項目「（志就）借去母銀共320元」、「每年每元貼利八升」，判斷志就於帳簿開始記錄之前，即向葉氏家族借銀320圓，利息約定以穀物繳納，每年須繳穀物利息25.6石，即每借百圓每年須支付葉氏利息8石。若將穀物利息依該年年平均米價換算成貨幣，則利息將會隨米價漲跌而起伏。換言之，對志就而言，每年所繳的穀物利息數量固定不變；但對葉氏家族來說，當其將每年所收到的穀物利息轉賣成現金時，會因受物價波動的影響，使葉家每年實際上收到的貨幣利息不盡相同。從隔年帳簿收入項目獲知志就歸還本息的訊息，推測借期應為4年。〔註21〕

（2）債務人阿鼎：從明治34年（1901）帳簿支出項目「（阿鼎）借去母銀300元」、「每年每元貼利穀七升」，判斷阿鼎於帳簿開始記錄之前，即向葉氏家族借銀300圓，利息約定以穀物繳納，每年須繳穀物利息21石，即每借百圓每年須支付葉氏利息7石。因葉家是收取穀物利息，因此在折算成貨幣時，會隨米價波動而起伏，致使葉家每年實際上所收到的貨幣利息皆不相同。從隔年帳簿收入項目「阿鼎還來母銀300元」、「還己庚辛三年來利穀63石」、「貼現年來利穀21石」的記錄來看，阿鼎應於明治35年（1902）時已將所欠款項還清，借期4年。〔註22〕

（3）債務人阿泉：帳簿資料顯示阿泉於明治32年（1899）前後跟葉氏家族借款兩筆，金額分別為17.7圓、24.678圓。利息約定前者納銀，每年應繳貨幣利息1.77圓，即每借百圓每年須支付利息10圓；後者納穀，每年應繳穀物利息1.974石，即每借百圓每年須支付利息8石。於明治36年（1903）帳簿收入項目發現「阿泉還母銀17.7元」、「又還來四年利銀7.08元」、「又貼現年來利銀1.77元」、「又還母銀24.678元」、「又還四年利穀7.896石」、「又貼現年來利穀1.974石」等記錄，據此研判阿泉應於該年歸還所有借款與利息，借期推測5年。〔註23〕

（4）債務人阿伙：帳簿資料顯示阿伙於明治32年（1899）向葉氏家族借銀29.81圓，利息約定以貨幣繳納，每年須繳利息2.981圓，即每借百圓每

〔註21〕《新屋鄉葉氏嘗簿》，頁39、40。

〔註22〕《新屋鄉葉氏嘗簿》，頁39、43、44、47。

〔註23〕《新屋鄉葉氏嘗簿》，頁40、43、44、45。

年須支付利息 10 圓。從明治 37 年（1904）帳簿收入項目「阿伙還來母銀 29.81 元」、「又還五年利銀 14.905 元」、「又貼現年利銀 2.981 元」等記錄判斷，阿伙應於該年將本息清償完畢，借期推測 6 年。〔註24〕

（5）債務人楊會生：明治 43 年（1910）帳簿收支記錄欄裡皆有楊會生借款與還款的記錄，如「開楊會生借母金 100 元」、「收楊會生還來母金 100 元」、「收楊會生百円利穀 5 石　15 元」。由此判斷，楊會生於該年向葉氏家族借銀 100 圓，並於同年歸還本息。這段期間楊氏共繳穀物利息 5 石，折合時價約 15 圓，即每借百圓每年須支付利息 5 石，相當於 15 圓。〔註25〕

以上借款資料帳簿皆有記載債務人名字，但自明治 44 年（1911）起僅記錄貸放本金與利息數額，未見債務人資料。此後的貸放利息資料只能知道是葉茂南、葉清泉等經理人將上年度的盈餘出借後所滋生的利息收入。又於同年帳簿資料中發現，凡有提及利息收入的部份，皆會於收支項目決算後，註明「出借其借主及利子日簿內註明立批照」等字樣，筆者推測可能另有一本流水帳簿專門記載每日借貸資料，並於年度整理核算時，再轉抄錄於葉氏嘗簿，因此記載較爲簡略。以下將葉氏家族年度盈餘貸放後所滋生之利息資料，依放款時間先後分述於後。

（1）明治 44 年（1911）：葉茂南、葉清泉將去年盈餘 201.058 圓，貸放予他人一年後，共滋生穀物利息 5 石，折算成時價約 19.5 圓，即葉氏家族每借出百圓每年淨收穀物利息 2.5 石，相當於 10 圓。〔註26〕

（2）大正元年（1912）：葉茂南、葉清泉於去年出借 444 圓，借期一年，共收穀物利息 22.2 石，折成時價約 93.24 圓，即葉氏家族每借出百圓每年淨收穀物利息 5 石，相當於 21 圓。〔註27〕

（3）大正 2 年（1913）：葉茂南、葉清泉將去年盈餘 800 圓借出，並與借款人約定每年須繳穀物利息 34 石，爲期 2 年。換言之，葉氏家族每借出百圓每年即可收穀物利息 4 石。根據帳簿資料顯示，葉氏若將穀物利息依該年年平均米價折算成貨幣，則分別得銀 96.8 圓、108.8 圓。〔註28〕

（4）大正 4 年（1915）：根據帳簿資料顯示，葉茂南、葉清泉於該年借

〔註24〕《新屋鄉葉氏嘗簿》，頁 40、43、44、45、47、48。
〔註25〕《新屋鄉葉氏嘗簿》，頁 57。
〔註26〕《新屋鄉葉氏嘗簿》，頁 58。
〔註27〕《新屋鄉葉氏嘗簿》，頁 59。
〔註28〕《新屋鄉葉氏嘗簿》，頁 60、62。

出本金 950 圓，並與借款人約定每年每百圓須支付穀物利息 5 石，借期 3 年。葉氏家族除第一年收取穀物利息 40 石外，其餘兩年每年坐收穀物利息 44.4 石。依各年年平均米價折成貨幣，分別收入利息 92.9 圓、124.32 圓、199.8 圓。〔註 29〕

（5）大正 5 年（1916）：該年帳簿資料顯示，葉茂南、葉清泉出借 200 圓，收取穀物利息 8 石，折合貨幣爲 22.4 圓，表示葉氏家族每借出百圓每年可以收取穀物利息 4 石。〔註 30〕

（6）大正 6 年（1917）：該年帳簿收入項目有葉茂南、葉清泉出借 366.866 圓，收取利息 36.687 圓的記錄，表示葉氏家族每借出百圓每年可以賺取利息 10 圓。〔註 31〕

（7）大正 7 年（1918）：該年帳簿有兩筆利息收入資料。葉茂南、葉清泉先後借出 800 圓、795.958 圓，借期各 1 年。前筆借款可收穀物利息 38.4 石，折算成貨幣爲 245.76 圓，即葉氏家族每借出百圓每年可收穀物利息約 5 石；後筆借款約定以貨幣繳納利息，共收取利息 79.595 圓，即葉氏每借出百圓每年可收利息 10 圓。〔註 32〕

（8）大正 14 年（1925）：葉茂南、葉清泉於該年借出 1000 圓，約定借款人每年須繳穀物利息 27 石，借期 3 年，即葉氏家族每借出百圓每年可收穀物利息 3 石。依據帳簿資料顯示，穀物利息 27 石在大正 14 年（1925）、大正 15 年（1926）、昭和 2 年（1927）依米價折成貨幣利息，分別爲 221.4 圓、191.7 圓、145.8 圓，足見穀物利息受到米價波動的情形。〔註 33〕

（9）昭和 2 年（1927）：該年帳簿收入有葉茂南、葉清泉出借 1000 圓，收取利息 130 圓的記錄，表示葉氏家族每借出百圓每年淨收利息 13 圓。〔註 34〕

綜觀葉氏家族明治 34 年至昭和 2 年止（1901～1927）共二十七年之間，炁嘗總共貸放 7350.07 圓（不含續借者），賺取穀物利息至少 499.496 石，貨幣利息共 274.229 圓，足見葉氏家族放款規模不小。在貸款償還年限方面，除明治年間貸放款項的借期在 4 至 6 年之外，其餘各年多維持於 1 年至 3 年左

〔註 29〕《新屋鄉葉氏嘗簿》，頁 63、64、65。
〔註 30〕《新屋鄉葉氏嘗簿》，頁 64。
〔註 31〕《新屋鄉葉氏嘗簿》，頁 65。
〔註 32〕《新屋鄉葉氏嘗簿》，頁 66、67。
〔註 33〕《新屋鄉葉氏嘗簿》，頁 75、77、78。
〔註 34〕《新屋鄉葉氏嘗簿》，頁 78。

右。而在納息方式方面，從上述貸放個案的整理中發現，與葉氏約定以穀物繳納利息者有 11 例，以貨幣繳納利息者有 5 例，由此可知葉氏家族在貸放利息部份，傾向於向債務人收取穀物利息。以上爲葉氏家族從事金錢貸放的情形。

二、葉氏家族借入之利息

（1）債權人葉粹新：帳簿資料顯示，葉氏家族曾向葉粹新借銀 139.375 圓，並於明治 35 年（1902）歸還該筆款項與穀物利息 10.4 石，折算成貨幣利息共 27.04 圓，即葉氏每借百圓每年須支付債主穀物利息 8 石。〔註35〕

（2）債權人梁石來：帳簿資料顯示，葉氏家族曾多次向梁石來借錢。明治 36 年（1903）向梁石來借銀 70 圓，並於隔年還清本息。這段期間共繳穀物利息 3.85 石，約銀 10.01 圓，即葉氏每借百圓每年須支付梁氏穀物利息 5.5 石。同年，葉氏再度向其借款 70 圓，並於該年還清，該筆借款未見有利息支付記錄。明治 39 年（1906），又向其借款 180 圓，亦於隔年還清，期間共支付穀物利息 14.4 石，約銀 51.84 圓，即葉氏每借百圓每年須支付梁氏穀物利息 8 石。〔註36〕

（3）債權人葉泉：大正 2 年（1913）帳簿支出項目「開貼葉泉 30 元利子金 3.7 元」，得知葉氏家族曾向葉泉借銀 30 圓，且每年須支付利息 3.7 圓，即葉氏每借百圓每年須支付利息 12 圓。〔註37〕

葉氏家族於明治 34 年至昭和 18 年（1901～1943）間，向外借款次數不多，僅有 5 筆資料。其先後向葉粹新、梁石來、葉泉借入 489.375 圓，期間共支付穀物利息 28.65 石，貨幣利息共 3.7 圓。在利息負擔方面，葉氏與債權人約定納穀物利息者有 3 例，納貨幣利息者僅有 1 例，其中 1 例無息借用。因此葉氏大多以穀物來支付利息。借入金額皆未超過 200 圓，且借期均未超過 1 年以上。以上是葉氏家族向外舉債的情形。

〔註35〕　《新屋鄉葉氏嘗簿》，頁 43、44。
〔註36〕　《新屋鄉葉氏嘗簿》，頁 45、47、48、51、53。
〔註37〕　《新屋鄉葉氏嘗簿》，頁 61。

圖 3-1 《新屋鄉葉氏嘗簿》實物

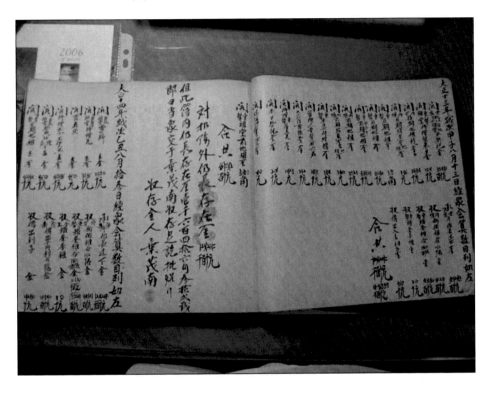

　　嘗簿所記錄的數字有大寫，如壹、貳、叁；或是小寫，如一、二、三；亦有蘇州數碼，如表 3-1。一般文字或大、小寫數字皆由上而下直式書寫，以蘇州數碼記載數目時，則以左至右橫式書寫。至於度量衡單位，以斤、斗、石為主。10 斗為一石，〔註 4〕而一石為 120 斤。〔註 5〕此外，嘗簿的貨幣單位是較複雜的問題，需從清朝的幣制加以探討。

表 3-1 帳簿用數字對照表

小寫數字	零	一	二	三	四	五	六	七	八	九	十
蘇州數碼	〇	〡	〢	〣	Ｘ	〥	〦	〧	〨	夂	〇

資料來源：片岡巖，《臺灣風俗誌》（臺北：南天書局，1994 年），頁 217。

　　清朝時期臺灣通行的貨幣有銀兩、外國銀幣、銅錢。銀兩即銀塊，有官

〔註 4〕 片岡巖，《臺灣風俗誌》（臺北：南天書局，1994 年），頁 222。
〔註 5〕 謝美娥，《清代臺灣米價研究》，頁 402，表 5.4 說明。

府鑄造的元寶和民間的粗銀。外國銀幣則以墨西哥銀幣最多，稱爲鷹銀或鳥銀。龍銀則是銀幣上有龍的圖樣，又稱爲「龍洋」。主要指兩種不同的貨幣，一種是光緒十四年（1888）在廣東省倣外國銀元鑄造的「光緒元寶」，重庫平七錢二分。另一種是日本於明治維新時期發行正面刻有「盤龍」圖紋的銀幣。〔註6〕銀兩概以銀的一定重量附以一定的價格秤量計算，外國銀幣和銅錢則採用計數系統。〔註7〕

　　日治時期臺灣的幣制政策，依照北山富久二郎所劃分，大體上可爲三階段。第一期，自 1895 年 5 月日人佔據臺灣後至 1897 年 10 月國內實施貨幣法（金本位制之實施）間之一段時間，稱爲幣制改革之準備階段。第二期則是從 1897 年 10 月 22 日至 1904 年 6 月 30 日，是向金本位邁進之過渡階段。第三期始自 1904 年 7 月 1 日臺灣銀行之金券發行，至 1909 年 12 月 31 日舊貨幣之整理（兌換完畢）爲止。〔註8〕

　　根據北山的看法，1895 年日本開始治理臺灣，清朝的各種貨幣仍然流通於市面，且日本的銀貨、日本銀行兌換券、輔助銀貨如銅錢均被使用。1897年 3 月，日本國內公佈「貨幣法」，10 月實施金本位制度。當時臺灣尚未脫離秤量制，不敢貿然將金本位施行於臺灣，故決定採取過渡的幣制，准許使用日本政府蓋印的壹圓銀貨，並按照「時價」流通，所謂「時價」，是以圓銀含有之銀量，就金銀之比價而換算後之金價值，由政府所定之「公定市價」。1898年 8 月後，壹圓銀貨就不需要蓋圓印，但依然不以額面價值流通，而使用金圓計算之價格。1898 年 6 月臺灣銀行成立，9 月開始營業，發行臺灣銀行兌換券。其特色是以壹圓銀貨作爲兌換之對象，票面金額亦以「圓銀壹圓」作爲計算單位。發行圓銀和臺灣銀行券的目的，主要都是爲了取代外國貨幣和粗銀。只是不論壹圓銀貨或是臺灣銀行券，時價都需由政府公定。想把此種公定市價和日日變動無常之銀塊市價併在一起是做不到的，兩者之間的差價就會成爲圖利者操縱的最好機會。因此，再次改革是必然的。1904 年 7 月臺灣銀行發行「金券」，是直接表現金圓之價值，其壹圓即金壹圓，係按照額面

〔註6〕 袁穎生，《臺灣光復前貨幣史述》（南投：臺灣省文獻委員會編印，2001 年），頁 92～99。

〔註7〕 臺灣省文獻委員會編印，《臨時臺灣舊慣調查會第一部調查第三回報告書臺灣私法》（南投：臺灣省文獻委員會，1993 年），第三卷，頁 177～184。

〔註8〕 北山富久二郎，〈日據時代臺灣之幣制政策〉，《臺灣經濟史七集》（臺北：臺灣銀行經濟研究室，1952 年），臺灣研究叢刊第 68 種，頁 91。

第三章　《新屋鄉葉氏嘗簿》中民間借貸利率的變動

　　藉由前一章《新屋鄉葉氏嘗簿》中借貸個案的利息分析，我們重新建構當時葉氏家族實際從事借貸活動的原貌與特性。因此，本章接著就該帳簿考察出的日治時期臺灣北部民間借貸之共同特徵與利率變動情形進行探討，然後再將已建立的民間借貸利率長期變動的趨勢，與前人運用不同性質之史料所建構出的官方或新式金融機構的借貸利率長期變動情形，作一比較。

第一節　民間借貸的特性與利率趨勢分析

一、民間借貸的特性

　　從借貸個案的案例分析中發現，葉氏家族無論貸款予他人或向他人借款，都因人、因時、因借款數額而有差異，同一時間貸借者，其所繳利息的方式不同，利率亦不相同。因此，無論利息是以貨幣或實物繳納，其利率都未統一。首先在借貸對象方面，無論貸放或借入推測應以葉氏家族為主要對象，例如債務人阿鼎推測應與葉阿鼎、葉鼎同一人，[註1] 債務人阿泉可能與債權人葉泉同人，[註2] 以及債權人葉粹新等，從其姓氏推測他們應為葉氏家族成員。至於不同姓氏之債務（權）人，如楊會生、梁石來，從其借貸利率並無較高的情形，猜測其與葉氏家族之間可能存有姻親關係，如葉氏家族已

〔註1〕《新屋鄉葉氏嘗簿》，頁 45、47。
〔註2〕《新屋鄉葉氏嘗簿》，頁 40、61。

出嫁女性之夫婿，亦可能具有如朋友般的友善關係，或來自同一村莊的地緣關係的對象。

　　上述葉氏借貸關係之推論是符合美國學者詹姆斯・斯科特（James C. Scott）「道義經濟」（moral economy）的理論。詹姆斯・斯科特於《農民的道義經濟學：東南亞的反叛與生存》（*The Moral Economy of the Peasant：Rebellion and Subsistence in Southeast Asia*）一書中提及，在前資本主義的農業社會裡，農民最關注的經濟問題是如何維持最低限度的生存保障，即滿足傳統的一般性吃、穿、住需求，以及水稻種植的最低成本，而非追求生產利潤的最大化。因此，一個村莊爲了確保農民最低限度的生存保障，往往會存有資源再分配的運作機制，例如富裕農民將會被村莊裡的人賦予較高的道德期待，除須主辦村莊內較大慶典與負責較多開銷之外，還須仁慈待人，救助窮困的親戚鄰居。此時富裕農民若貸放較高利息，甚至是拒絕借款予同村莊急困者，將會承受公眾輿論壓力。除了會被視爲是不道德的行爲之外，還會被視爲未善盡其道德義務。此類鄉村互惠模式的安排是爲了避免讓農民陷入生存危機之中。〔註3〕

　　在借貸數額方面，若以單次借貸金額來看，葉氏家族貸放金額最少 17.7 圓，最多 1000 圓；借入金額最少 30 圓，最多 180 圓。若從表八來看，不難發現葉氏家族借貸金額大多低於 200 圓以下，其次分別是 201～400 圓、601～800 圓、801～1000 圓之間。其中借貸金額低於 200 圓者，其借貸時間多集中於 1901 至 1910 年之間；200 圓至 800 圓者，多出現於 1911 至 1920 年之間；800 圓以上者則分布於 1925 至 1930 年之間。在得出上述結論後，我們必須進一步探究上述錢額在當時所代表的意義。接下來，筆者將以日治時期的物價資料，及同時期的家族產業投資額，例如北埔姜家，來檢視葉氏家族的借貸規模。〔註4〕

〔註3〕 值得注意的是，本文並非詹姆斯・斯科特「道義經濟」的理論應用，而是在分析葉氏家族借貸個案的過程中，筆者發現葉家在借貸行爲中有近似道義經濟理論的行爲。詹姆斯・斯科特（James C. Scott）著，程立顯、劉建等譯，《農民的道義經濟學：東南亞的反叛與生存》（*The Moral Economy of the Peasant：Rebellion and Subsistence in Southeast Asia*）（南京：譯林出版社，1976 年），頁 1～42。

〔註4〕 有關北埔姜家的資料，請見本文第一章。莊英章、連瑞枝，〈從帳簿資料看日據北臺灣鄉紳家族的社會經濟生活：以北埔姜家爲例〉，《漢學研究》，第 16 卷第 2 期（1998 年 12 月），頁 79～114。

表八：葉氏家族歷年借貸數額（1901～1927）

數額（圓）	次數	百分比	借貸時間（西元年）
200 以下	10	48%	1901、1902、1904、1906、1910、1913、1916
201～400	4	19%	1901、1911、1917
401～600	1	5%	1912
601～800	3	14%	1913、1918
801～1000	3	14%	1915、1925、1927

資料來源：整理自《新屋鄉葉氏嘗簿》

說　　明：1. 次數統計僅累計新借貸者，不包含續借者。
　　　　　2. 借貸時間是指該筆借款首次出現於帳簿的時間，不等於放款時間。

　　首先以米價、糖價來進行分析。若將米價視為日治時期物價指數的主要指標，那麼葉氏家族借貸錢額在當時的購買力如何呢？〔註5〕以明治 34 年（1901）、明治 43 年（1910）為例進行說明。假設葉氏家族不將這些資金用於貸放生息，而是用於購買米穀，那麼葉氏家族能收購多少米穀呢？明治 34 年（1901）葉氏家族放款 17.7 圓，依該年年均米價 4.86 圓/米石計，共可購買 4 石米。明治 43 年（1910）放款 100 圓，依該年年均米價 6 圓/米石計，則可購買 17 石米。這些米穀數量若供應當時成年男子一年的食米量，可以養活多少成年男子呢？依據謝美娥對清代臺灣米價的研究，指出晚清時期臺灣平均一名男丁一年的食米總量為 3 石。〔註6〕若以此標準來判斷葉氏家族之借貸規

〔註5〕有關米價的數據均引自何佳韻，〈日治時期臺灣北部地方米價的新探索——《新屋鄉葉氏嘗簿》的解讀與分析〉（臺南：國立成功大學歷史學系在職專班碩士論文，2010 年），表3～7，頁49～50。

〔註6〕正如吳聰敏對日治時期臺灣農村消費的研究，提出該時期臺灣農家所得雖然提高，但當所得上升時，食物支出占消費支出之比率卻下降，這與一般消費行為之研究發現食物為必需品而非奢侈品的結果是一致的。其中食物支出中以米的消費支出比率最高，高達 40%以上，足以說明日治時期臺灣農家是以米為主食。既然米是食物的必需品，且不會因所得提高，而增加對米的消費量與食米量，據此，筆者合理推測日治臺灣平均每名男丁一年的食米總量應與晚清臺灣相差無幾。因此本文引用謝美娥的研究。至於吳聰敏與柯志明對日治時期的物價研究裡，亦有提及相關的議題。不過，吳氏是以一名成年人一年對米的消費支出金額除以米價，來推算當時臺灣每人一年的米消費量（1.69 石，242.24 公斤）（據 1922 年的食糧調查）。柯氏則利用米的總生產量、進出口量、總人口，來推算當時每人一年可用的米（2 公石，約 155 公斤）（1905～1929 年），其計算公式：（米總產量－蓬萊米出口總額＋外來米進口總額）÷總人口。謝美娥，《清代臺灣米價研究》，臺北：稻鄉出版社，2008 年。吳

模，那麼明治 34 年（1901）葉氏家族放款錢額 17.7 圓，足夠提供當時 1.3 個
男丁 1 年的食米量；明治 43 年（1910）則供應 5.7 個男丁一年的食米量，可
見葉氏家族借貸規模不小。

在以米價檢視 1901 至 1910 年葉氏借貸規模之後，筆者再以糖價資料進
行檢視。以下將以 1914 至 1944 年臺北市蔗糖市價價格來分析。〔註7〕以大正
5 年（1914）、昭和 2 年（1927）爲例進行說明。假設葉氏不將這些資金用於
貸放生息，而是用於購買蔗糖，那麼葉氏能收購多少蔗糖呢？大正 5 年（1914）
葉氏家族放款錢額 200 圓，依當時臺北市蔗糖價格每百公斤 24.17 圓計算，葉
氏共能購買 800 多公斤的蔗糖。昭和 2 年（1927）葉氏家族放款 1000 圓，依
當時臺北市蔗糖價格每百公斤 33.28 圓來計算，葉氏共能購買 3000 多公斤的
蔗糖。因此，無論以米價或糖價來進行檢視，都可發現葉氏家族令人不可小
覷的借貸規模。

其次，將以同時期民間的產業投資額，例如北埔姜家，來分析葉氏家族
的借貸規模。倘若葉氏不將盈餘資金用於貸放生息，而是與姜家相同，選擇
將資金用於產業投資，那麼葉氏能收購多少股份，獲得多少收益呢？筆者將
假設如果葉氏將資金用於產業投資，則會產生與北埔姜家相同的投資標的與
投資行爲。不過，因北埔姜家產業投資資料都集中於大正 8 年以前（1921），
茲就葉氏 1921 年以前的借貸規模進行檢視。例如姜家於大正 8 年（1919）分
別投資臺灣製鹽會社與臺灣電力會社，各投入 2000 圓、4500 圓購買會社股份，
各 100 股。每股價格分別爲 20 圓、45 圓。其投資收益據姜家帳簿得知，其每
年各可獲得股息 59.8～110 圓、250 圓。筆者假設葉氏將前年（1918）的盈餘
資金（795.958 圓）不用於貸放生息，而是與北埔姜家相同，將資金用於購買
臺灣製鹽會社與臺灣電力會社之股份，那麼葉氏將能獲得 40 股與 18 股的公
司股份，每年分別坐收股息 23.92～44 圓、45 圓。〔註8〕因此，就葉氏所能購
買的股份而言，其借貸規模不小。就其產業投資的獲利而言，其投資收益是
遠低於貸放所滋生的利息（79.595 圓）。這應是葉氏家族選擇將盈餘資金用於

聰敏，〈臺灣農村地區之消費者物價指數：1902～1941〉，《經濟論文叢刊》，
第 33 卷第 4 期（2005 年），表三，頁 10。柯志明，《米糖相剋——日本殖民
主義下臺灣的發展與從屬》（臺北：群學出版社，2003 年），表 1～9，頁 60。
〔註7〕曾汪洋，〈日據時代臺灣糖價之研究〉，收於臺灣銀行經濟研究室編，《臺灣經
濟史》（臺北：古亭書屋），上冊，第 4 集，表 19，頁 84～85。
〔註8〕有關北埔姜家的資料，詳見本文第一章。莊英章、連瑞枝，〈從帳簿資料看日
據北臺灣鄉紳家族的社會經濟生活：以北埔姜家爲例〉，頁 94～95。

貸放生息，而不用於產業投資的原因。

在貸款償還年限方面，從帳簿利息資料的記錄日期來推測借期，發現葉氏家族除明治年間貸放款項之借期在 4 至 6 年之外，其餘各年借期均維持在 1 至 3 年左右；借入款項的部份，償還年限均不超過 1 年。且無論借期多久，凡續借者利率皆採固定利率。因此借期並不影響借貸之間的利率變化。這點與彭凱翔等人的研究結果相同，借期的長短並非影響借貸時利息高低的關鍵因素。〔註9〕

在利息給付方式方面，有納穀物利息者，亦有納貨幣利息者。貸放部份，納穀物利息者 11 例，納貨幣利息者 5 例；借入部份，除 1 例無息借用外，納穀物利息者 3 例，納貨幣利息者僅有 1 例，足見葉氏家族無論是貸款予他人或向他人借入錢額，利息給付的方式都以繳納穀物居多。據此，合理推測在日治時期，貸放業者在選擇利息收取的方式，較傾向於收取穀物利息。

至於借貸利息方面，因葉氏帳簿借入利息資料只有 5 筆，因此在此方面僅針對帳簿中貸放利息資料進行解讀與分析。筆者發現葉氏家族在利息變化方面，呈現以下幾種特性：其一是納貨幣利息者比納穀物利息者利率偏低：納貨幣利息者除昭和 2 年（1927）年利率在 13%外，其餘均維持在 10%。納穀物利息者，若就其年繳給葉氏的穀石數量來看，有逐年降低的趨勢。例如明治 34 年至 39 年間（1901～1906），納穀物利息者平均每借百圓一年須支付葉氏 7～8 石穀物；明治 43 年至大正 7 年間（1910～1918），逐漸降至 4～5 石；大正 14 至昭和 2 年間（1925～1927）再降至 3 石。但若依各年年平均米價換算成貨幣利息，則發現其利率將隨穀價之波動漲跌而有所變動，以致同一筆借款雖然每年應繳的穀物利息數量相同，但因受物價波動影響，每年年利率不盡相同，但大致上都高於 10%。例如大正 2 年（1913）葉氏貸放本金800 圓，與債務人約定年納穀物利息 34 石，為期 2 年，唯因受穀價波動影響，使其這兩年實際收取的貨幣利息分別為 96.8 圓、108.8 圓，年利率各為 12%、14%。

其二，既採議定利率，亦採固定利率：無論納貨幣利息者或納穀物利息者，葉氏家族對於新借貸者採取議定利率，一旦雙方議定之後，無論借期多久，其利率都維持固定不變。例如明治 34 年（1901）葉氏貸放 29.81 圓予債

〔註9〕　有關彭凱翔等人的研究，詳見本文第一章。彭凱翔等人，〈近代中國農村借貸市場的機制——基於民間文書的研究〉，《經濟研究》，第 5 期（2008 年），頁153。

務人，並與之議定年納貨幣利息 2.981 圓。因此在債務人還清該筆借款之前，帳簿收入資料每年皆有該家族坐收利息 2.981 圓的記錄。〔註10〕再如大正 14 年（1925）該家族貸放 1000 圓，並與債務人約定年納穀物利息 27 石，爲期 3 年。因此在接下來的三年之間，帳簿收入資料皆有該家族每年坐收穀物利息 27 石的記錄。〔註11〕

其三，貨幣利息與穀物利息隨穀價波動的情形不同：利息與穀價之間的關係，端視其收貨幣利息或穀物利息而有所不同。在收取貨幣利息方面，除昭和 2 年（1927）外，其利率均維持在 10%。在收取穀物利息方面，發現當穀價上漲時，利率隨之上升；穀價下跌時，利率亦隨之下降。因此，利息給付的方式亦會影響利率的高低。例如大正 2 年（1913）葉氏家族貸放 800 圓，與債務人約定每年須支付穀物利息 34 石，爲期 2 年。雖然葉家每年都收到穀物利息 27 石，但當其折算成貨幣時，受穀價波動影響，葉家這兩年來實際所獲得的利息收入分別爲 96.8 圓、108.8 圓，年利率各爲 12%、14%。因此對葉家來說，雖然利息是採取議定與固定利率，但因受物價波動，其所獲得的實質利益是逐年增加的。相反的，對債務人來說，其每年所要支付的穀物利息表面上數量不變，但實際上則是負擔加重。

再以大正 14 年（1925）的貸放個案爲例進行說明。大正 14 年（1925），葉氏家族貸放 1000 圓，約定債務人每年須繳穀物利息 27 石，爲期 3 年。雖然葉家每年皆收到穀物利息 27 石，但當其折算成貨幣時，因受到穀價波動的影響，因此其三年來實際上所獲得的利息分別爲 221.4 圓、191.7 圓、145.8 圓，年利率各爲 22%、19%、15%。上述情形適與大正 2 年（1913）的貸放個案相反，對葉家而言，其所獲得的實質利益因受穀價波動而逐年遞減；但對債務人而言，則是負擔減輕。總之，當債務人與債權人在議定利息時，不論續借多久，其利率都維持不變，但實際上債務人與債權人其所負擔與獲得的利息，將隨物價漲跌而有所起伏。

至於葉氏家族借貸之間的利率孰高孰低呢？在貸放錢額部份，其年利率介於 10%～15%者有 13 例，16%～20%者有 2 例，21%～25%者有 3 例；在借入錢額部份，5 筆資料中，除 1 例無息借用外，年利率介於年率 10%～15%者有 2 例，16%～20%者有 1 例，25%～30%者 1 例。因此，葉氏家族無論貸款

〔註10〕《新屋鄉葉氏嘗簿》頁 43、45、47。
〔註11〕《新屋鄉葉氏嘗簿》頁 75、77、78。

予他人或向他人借入錢額，其利率大多集中於 10%～15%之間，無貸放利率高
於借入利率或借入利率高於貸放利率的情形。

綜合本節所論，葉氏家族借貸活動的特點有：借貸對象以族內人為主，
借貸規模不小，借期長短非借貸時的關鍵因素，納貨幣利息者比納穀物利息
者利率偏低，利息給付方式以納穀物為主，利率採取議定且固定利率的方式，
利息深受穀價波動影響。如果廣記租館能代表清代臺灣北部農村借貸的情
形，〔註12〕那麼葉氏家族亦可說是日治時期臺灣北部民間借貸的縮影，因此
其所反映出的借貸特性，正是該時期民間借貸的共同特徵。

二、民間借貸的利率趨勢分析

在整理出日治時期民間借貸的共同特徵之後，有關《新屋鄉葉氏嘗簿》
中的利率變化如何呢？篩選出有效資料後，先將利息資料依利息收取方式分
成貨幣利息與穀物利息兩大類。貨幣利息部份，其利率為貨幣利息除以借貸
本金，再乘以百分比。穀物利息部份，依帳簿內容又可分為僅含穀物利息資
料與同時含有穀物利息及將之折算成貨幣利息的資料。

若該筆借貸資料僅呈現穀物利息數量，未記錄折算成貨幣利息的金額，
則須將之依該年年均米價再轉換成貨幣利息，以求其利率。例如明治 34 年
（1901）收入穀物利息 25.6 石，換成米則為 12.8 石（二穀換一米），再乘以
該年年均米價 4.86 圓/米石，求得貨幣利息 62.208 圓。待算出貨幣利息後，再
除以借貸本金，求其利率。這類利息資料集中於明治 34 年至 36 年間（1901
～1903）。其餘各年帳簿均有一同記載借貸穀物利息的數量與折算成貨幣的金
額，對於該類利息資料的處理，只要將折算後的貨幣利息除以借貸本金，再
乘以百分比，即可求出各筆借貸利息之利率。

至於各年年均米價數據則採用何佳韻於〈日治時期臺灣北部地方米價的
新探索──《新屋鄉葉氏嘗簿》的解讀與分析〉一文中對該時期新屋地區的
米價研究〔註13〕。表九、表十分別為葉氏家族於明治32年到昭和18年間（1899
～1927）各筆貸放與借入錢額之年利率。

〔註12〕 有關廣記租館的資料，詳見本文第一章。王世慶，〈十九世紀中葉臺灣北部農
村金融之研究：以興直堡銀主小租戶廣記為例〉，見王世慶著，《清代臺灣社
會經濟》（臺北：聯經出版事業公司，1994 年），頁 1～72。
〔註13〕 何佳韻，〈日治時期臺灣北部地方米價的新探索──《新屋鄉葉氏嘗簿》的解
讀與分析〉，表 3～7，頁 49～50。

表九：葉氏家族之貸放利率（1899～1927）

西元年	日治年	貸放（日幣圓）	收入利息（穀石）	收入利息（日幣圓）	利率%（穀折圓）	利率%（日幣圓）	來源頁數
1899	明治 32 年（己亥）	17.7		1.77		10%	40
		29.81		2.981		10%	40
1900	明治 33 年（庚子）	※17.7		1.77		10%	40
		※29.81		2.981		10%	40
1901	明治 34 年（辛丑）	320	25.6	（62.208）	19%		39
		300	21	（51.03）	17%		39
		※17.7		1.77		10%	40
		24.678	1.974	（4.79682）	19%		40
		※29.81		2.981		10%	40
1902	明治 35 年（壬寅）	※300	21	（54.6）	18%		43～44
		※17.7		1.77		10%	44
		※24.678	1.974	（5.1324）	21%		44
		※29.81		2.981		10%	44
		※320	25.6	（66.56）	21%		40
		※300	21	（54.6）	18%		43
		※17.7		1.77		10%	43
		※24.678	1.974	（5.1324）	21%		43
		※29.81		2.981		10%	43
1903	明治 36 年（癸卯）	※29.81		2.981		10%	47
		※300	21	（58.905）	20%		45
		※17.7		1.77		10%	45
		※24.678	1.974	（5.53707）	22%		45
		※29.81		2.981		10%	45
1904	明治 37 年（甲辰）	※29.81		2.981		10%	48
		※29.81		2.981		10%	47
1910	明治 43 年（庚戌）	100	5	15	15%		57
1911	明治 44 年（辛亥）	201.058	5	19.5	10%		58

1912	大正元年（壬子）	444	22.2	93.24	21%		59
1913	大正2年（癸丑）	800	34	98.6	12%		60
1914	大正3年（甲寅）	※800	34	108.8	14%		62
1915	大正4年（乙卯）	950	40	92.9	10%		63
1916	大正5年（丙辰）	※950	44.4	124.32	13%		64
		200	8	22.4	11%		64
1917	大正6年（丁巳）	※950	44.4	199.8	21%		65
		366.866		36.687		10%	65
1918	大正7年（戊午）	800	38.4	245.76	31%		66
		795.958		79.595		10%	67
1925	大正14年（乙丑）	1000	27	221.4	22%		75
1926	大正15年	※1000	27	191.7	19%		77
1927	昭和2年（丁卯）	※1000	27	145.8	15%		78
		1000		130		13%	78

資料來源：1. 整理自《新屋鄉葉氏嘗簿》
　　　　　2. 年均米價資料引自何佳韻，〈日治時期臺灣北部地方米價的新探索——《新屋鄉葉氏嘗簿》的解讀與分析〉（臺南：國立成功大學歷史學系在職專班碩士論文，2010年），表3～7，頁49～50。

說　　明：1. 表中所呈現的利率為該年所繳利息佔本金的百分比，※符號代表續借者，是指在債權人在母本未還的情形之下，借款期限的延長，而非還清本息之後再向債權人續借。
　　　　　2. 該帳簿單元以日幣圓計，詳見本文第二章第一節。
　　　　　3. 若利息是以實物繳納，則筆者依何佳韻表3～7「日治時期新屋地區米價及長期趨勢」的研究，將之依該年平均米價折算成貨幣，以（）表示。

表十：葉氏家族之借入利率（1902～1913）

西元年	日治年	借入日幣圓	支付利息（穀石）	支付利息（日幣圓）	利率%（穀折圓）	利率%（日幣圓）	來源頁數
1902	明治35年（壬寅）	139.375	10.4	27.04	19%		43～44

1904	明治 37 年 （甲辰）	70	3.85	10.1	14%		48
		70	0	0			47～48
1906	明治 39 年 （丁未）	180	14.4	51.84	29%		53
1913	大正 2 年 （癸丑）	30		3.7		12%	61

資料來源：整理自《新屋鄉葉氏嘗簿》

說明：同表九

　　倘若一年之中有多筆貸放利率，將之平均，求其平均值，並視為一年的平均利率。據此，將表九的貸放利率資料再依穀物利息與貨幣利息，整理成表十一，並將之繪製成圖七，以觀察《新屋鄉葉氏嘗簿》中貸放錢額之穀物利息與貨幣利息年均利率長期變動的情形。從該圖利息數列的年均利率，可以看出穀物利息與貨幣利息之利率呈現出不同的變化趨勢。當債務人以穀物繳納利息時，其利率是普遍高於以貨幣繳納者。而且前者的利率起伏不定，最高者 31%，最低者 10%，兩者相差 3 倍；後者除昭和 2 年（1927）年率 13% 外，其餘年利率均維持在 10%。足見當以貨幣繳納利息時，其利率不因人、時、借貸錢額等因素而有所不同。因此，不同利息給付方式，其借貸利率亦有所不同。

表十一：葉氏家族貸放穀物與貨幣利息之年均利率（1899～1927）

西元年	穀物利息之 年均利率（%）	貨幣利息之 年均利率（%）	西元年	穀物利息之年 均利率（%）	貨幣利息之年 均利率（%）
1899		10	1914	14	
1900		10	1915	10	
1901	18	10	1916	12	
1902	20	10	1917	21	10
1903	21	10	1918	31	10
1904		10	1919		
1905			1920		
1906			1921		
1907			1922		
1908			1923		

1909			1924		
1910	15		1925	22	
1911	10		1926	19	
1912	21		1927	15	13
1913	12				

資料來源：表九

說　　明：將表九中每年多筆貸放利率加以平均，求其平均值，視爲一年的平均利率。

圖七：葉氏家族貸放穀物與貨幣利息之年均利率趨勢圖

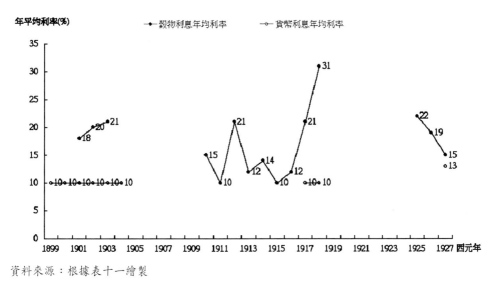

資料來源：根據表十一繪製

　　由於嘗簿中屢見借出貨幣而以穀還息的記錄，爲進一步觀察葉氏家族借貸利率是否與米價的漲跌起伏有所關連，將之與日治時期新屋地區的米價數據作一比較，繪製成圖八。從該圖中不難看出穀物利息利率是隨穀價的漲跌起伏而波動，當穀價上漲時，利率隨之上升；當穀價下跌時，利率亦隨之下降。例如：1901 至 1903 年間，穀價呈現上漲的趨勢，此時葉氏的貸放利率也隨之提高；1910 至 1918 年間，除 1911、1915、1916 三年外，其餘諸年皆出現穀價上漲，利率隨之上升，穀價下跌，利率隨之下降的情形；1925 至 1927 年間，則是穀價下跌，利率隨之下滑的趨勢。

圖八：葉氏家族貸放穀物利息年均利率與年均米價比較圖

資料來源：1. 穀物利息資料取自表十一

2. 年均米價資料取自何佳韻〈日治時期臺灣北部地方米價的新探索──《新屋鄉葉氏嘗簿》的解讀與分析〉，表 3～7，頁 49～50。

綜合上述所論，對債務人而言，支付貨幣利息比穀物利息有利；相反的，對債權人而言，收取穀物利息比貨幣利息有利，但因受穀價波動，較具風險。當穀價上漲時，債權人收取的利息增加；反之，相對減少。不過根據何佳韻對日治時期新屋地區米價長期趨勢的研究，發現米價是隨時間向上增長的。〔註14〕因此，在日治時期債權人收取穀物利息雖然較具風險，但債權人「自覺的」獲利額度較高。〔註15〕

由此可知，當時債權人在借出貨幣之後，基於自我利潤最大化的追求，傾向於向債務人收取穀物利息。這點亦可從葉氏嘗簿裡獲得證實，如大正 4 年（1915），葉家向債務人收取一筆穀物利息 34 石，但因葉家考量到當時穀價下跌，在不甘損失的情形之下，將該筆穀物利息存放至月底再加以變賣。〔註16〕從葉家帳簿所透露出的訊息，可知當時債權人在從事借貸事業時，對於市場穀價的高低是相當清楚的，而且我們也從中窺探到債權人追

〔註14〕何佳韻，〈日治時期臺灣北部地方米價的新探索──《新屋鄉葉氏嘗簿》的解讀與分析〉，頁 49。

〔註15〕之所以云「自覺的」是因爲一般人經常未將貨幣升貶值考慮在內。

〔註16〕《新屋鄉葉氏嘗簿》，頁 63。

求利潤的獲利行爲。因此，葉氏家族在從事資金貸放時，並不完全表現詹姆斯·斯科特於《農民的道義經濟學：東南亞的反叛與生存》的道義經濟行爲，而是還有追求最大利潤的考量，所以葉氏家族具備以上雙重特性。

在分析完穀物利息與貨幣利息之長期利率變化後，爲能更整體觀察日治時期新屋地區民間借貸利率的長期變化趨勢，筆者依據表九，在不區分穀物利息與貨幣利息的情形下，將一年之中多筆的貸放利率，加以平均，求其平均值，視爲一年的平均利率，如表十二所示。

表十二：葉氏家族貸放錢額之年均利率（1899～1927）

西元年	年平均利率（％）	西元年	年平均利率（％）
1899	10	1914	14
1900	10	1915	10
1901	15	1916	12
1902	15	1917	16
1903	14	1918	21
1904	10	1919	
1905		1920	
1906		1921	
1907		1922	
1908		1923	
1909		1924	
1910	15	1925	22
1911	10	1926	19
1912	21	1927	14
1913	12		

資料來源：表九

說　明：將表九中每年多筆貸放利率加以平均，求其平均值，視爲一年的平均利率。

根據表十二、表十，分別繪製成圖九、圖十，以便考察該時期新屋地區民間借貸利率長期變化的趨勢。從圖九，可以看出 1899 至 1902 年葉氏家族貸放利率呈現上升的情形，至 1903 年起逐漸滑落；1910 至 1918 年間，其利

率起伏甚大，1910 至 1915 年間不斷出現下降又上升的巨幅變動，不過於 1915 年以後至 1918 年間，利率則呈直線上升；1925 至 1927 年間，又出現下降的趨勢。依據前文所論，這種情形與穀價波動有密切關係。雖然貸放利率波動起伏甚大，但整體而言，其利率大多集中於 10%～15% 之間。至於借入利率部份，因葉氏帳簿借入利息資料有限，加上時間又不連貫，實無法觀察其利率長期變化的趨勢。不過，從圖十借入利率分布的情形看來，其利率介於 10%～15% 之間者有 2 例，1 例介於 15%～20%，1 例更高，介於 25%～30%。以上爲《新屋鄉葉氏嘗簿》中所建構出的日治時期臺灣北部民間借貸利率長期變動的情形。

圖九：葉氏家族貸放利息之年均利率趨勢圖（1899～1927）

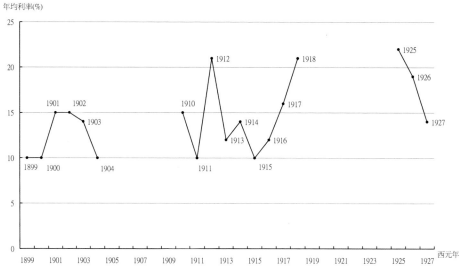

資料來源：根據表十二繪製

圖十：葉氏家族借入利息之年均利率趨勢圖（1902～1913）

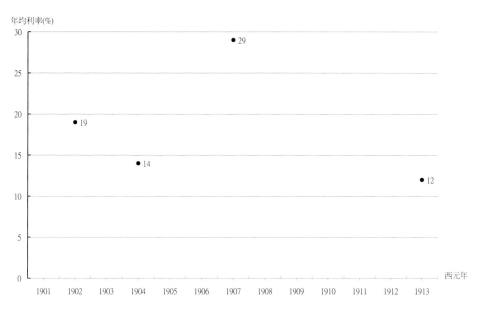

資料來源：根據表十繪製

第二節　民間借貸利率與其他類型的借貸利率比較

　　本節將《新屋鄉葉氏嘗簿》中已建構出的日治時期臺灣北部民間借貸利率的長期變動趨勢，與前人運用同時期不同性質史料，例如新式金融機構的存放款利率數據，以及官方對農家借債狀況的國勢調查資料，所考察出的借貸利率數列相比較，以探究是否也有類似的利率變動出現。

　　首先，將日治時期新屋地區葉氏家族貸放利率與同時期臺灣農家借款利率進行比較，檢視是否出現相同的變化趨勢？從葉淑貞所著〈日治時代臺灣的地租水準〉中有關該時期臺灣農家借款利率的水準來看。葉氏資料來源為臺灣總督府於 1933 年與 1940 年對臺灣農家借債狀況的調查統計數據，並將前述官方資料整理成表十三。依據表十三所列，得出 1933 年農村最普遍的舉債利率是10%～15%，並且在假設借款利率受到存款利率影響的前提之下，反推日治時期臺灣農村最盛行的借款利率於 1920 年代下半期可能高於 10%～15%，1930年代普遍維持於利率 10%～15%，1937 年則低於利率 10%～15%。〔註17〕

〔註17〕葉淑貞，〈日治時代臺灣的地租水準〉，《臺灣史研究》，第 8 卷第 2 期（2001年 12 月），頁 133～136。

表十三：農村金融狀況之利率別負債百分比

年利率別	西元 1933 年	西元 1940 年
0%	12.83	13.74
0%～7%	1.80	44.80
7%～10%	25.09	31.19
10%～15%	38.17	7.90
15%～20%	17.68	2.28
20%以上	4.43	0.09

資料來源：葉淑貞，〈日治時代臺灣的地租水準〉，《臺灣史研究》，第 8 卷第 2 期（2001 年 12 月），表十一，頁 135。

　　若將日治時期新屋地區葉氏家族貸放利率數列，套入葉淑貞所建構出的同時期臺灣農家借款利率水平之中，將會有什麼樣的發現呢？葉氏家族貸放利率的時間分布是從 1899 至 1927 年，而葉淑貞的農家借款利率水平則是以1930 年代的借款利率爲基準，來反推 1920 年代下半期與 1937 年的借款利率。因此，以時間的重疊性來看，僅能就 1920 年代下半期的民間借款利率進行比較。根據葉淑貞的說法，1920 年代下半期農家借款利率高於 10%～15%，以此作爲標準來審視同時期葉氏家族貸放利率的情形，發現葉氏家族 1925、1926、1927 三年的年均利率分別爲 22%、19%、14%，均高於 10%～15%，相當符合葉淑貞所建構的利率水平。〔註18〕

　　其次，將葉氏家族借貸利率再與同時期新式金融機構的存放款利率比較，檢視民間與新式金融機構之間借貸利率變動的情形。在存款利率方面，筆者引用葉淑貞於〈日治時代臺灣的地租水準〉一文中所得的研究成果。葉氏依據《臺灣金融年報》中臺灣銀行、勸業銀行與農村信用組合的存款利率，指出 1927 年一般新式金融機構的一年期定期存款利率約爲 6%。而且以當時臺北州的街庄信用組合的存款年利率資料爲例，指出 1930 年代中期農村存款利率低於 1920 年代下半期，而 1937 年的存款利率又低於 1933 年的水準。不過因葉氏家族借貸利率的資料僅止於 1927 年止，因此僅能就 1927 年的利率進行比較。據帳簿資料顯示，葉氏家族於該年有兩筆貸放資料，其利率分別爲 15%、13%。若依葉淑貞的研究，1927 年一般新式金融機構的一年期定期存款利率約爲 6%，那麼對葉氏家族而言，將盈餘資金用於借貸生息比存放在

〔註18〕葉淑貞，〈日治時代臺灣的地租水準〉，頁 133～136。

新式金融機構的獲利來得高。〔註19〕

　　在放款利率方面，因葉文旨在探討臺灣日治時期地租水準之高低，借貸利率非其研究重點，因而所述篇幅有限。加上，全文未見有長期而完整的借貸年期與利率數列，僅呈現數筆一般銀行對社會大眾的存款利率資料，未見銀行對社會大眾的放款利率資料。因此在放款利率部份，筆者採用吳聰敏於〈臺灣的名目利率與物價膨脹率〉的研究成果。吳氏利用臺灣銀行對一般商業銀行的（最低）放款利率數據，分析日治臺灣利率變動與物價膨脹的關係。雖然葉氏家族與吳氏的借貸對象不同，前者是葉氏放款給消費大眾，後者是臺灣銀行放款給一般銀行，而且臺銀的利率調整摻有政策考量。儘管如此，筆者認為臺銀在調整利率的同時，仍會考量到當時的經濟環境；加上，現有的近人研究不易找到日治時期新式金融機構對一般大眾的存放款利率資料。因此，本文運用吳氏所建立的利率水平，不致影響以下的比較。

　　為能清楚呈現葉氏家族借貸利率與臺銀放款利率兩者之間長期變動的情形，在時間上，筆者僅截取吳氏 1899 至 1927 年臺銀放款利率數據，與同時期葉氏家族放款利率數列，繪製成圖十一，以觀察這段期間民間（葉氏）與新式金融機構（臺銀）之間借貸利率的變化關係。從圖中臺銀利率曲線變動的情形，可以看出除 1899 至 1902 年臺銀利率介於 10%～15%外，1903 至 1927 年間大致維持於 5%～10%之間。據吳氏分析，日治初期利率偏高，可能與割讓初期治安不佳，借貸風險偏高有關；之後，隨著日本統治政權逐漸穩固，臺灣各項產業開始發展，金融業也隨之興盛，利率出現下降的趨勢。〔註20〕

　　若與葉氏家族放款利率的曲線相較，不難發現兩者間的利率變動情形頗為一致，兩者升降趨勢可說是亦步亦趨。例如：臺銀於 1899 至 1903 年、1924 至 1927 年的放款利率波動與葉氏家族 1900 至 1904 年、1925 至 1927 年的放款利率趨勢一致。至於 1910 至 1918 年間，臺銀與葉氏之利率乍看之下呈現不同的發展趨勢，但若將時間往前與往後推延，不難看出兩者有極其類似的波動情形。當臺銀利率於 1908 至 1910 年呈現逐年下降的趨勢時，葉氏也於 1910 至 1911 年出現利率下降的情形。當臺銀於 1910 至 1913 年出現利率反彈上升時，葉氏亦於 1911 至 1912 年出現相同的情形。當臺銀於 1916 至 1918 年利率再度上升時，葉氏亦隨之向上。其中兩者在借貸利率水平方面有明顯

〔註19〕　葉淑貞，〈日治時代臺灣的地租水準〉，頁 135～136。
〔註20〕　吳聰敏，〈臺灣的名目利率與物價膨脹率：1907～1986 年〉，《經濟論文叢刊》，
　　　　　第 23 卷第 4 期，（1995 年 12 月），頁 420～422。

的利率差,臺銀的利率較低,葉氏的貸放利率較高。這種現象除反映民間借貸利率的浮動與新式金融機構相似外,還符合非金融機構的借貸利率大多高於金融機構的民間習俗。

圖十一:葉氏貸放錢額年均利率與臺灣銀行放款利率比較圖
(1899～1927)

資料來源:1. 葉氏貸放年均利率資料取自表十一。
　　　　　2. 臺灣銀行年低貼現率資料取自吳聰敏,〈臺灣的名目利率與物價膨脹率:1907～1986 年〉,《經濟論文叢刊》,第 23 卷第 4 期(1995 年 12 月),附錄,頁 441。

　　綜合本節的討論,日治時期臺灣借貸利率變化的情形,無論是透過民間帳簿的解讀,或是運用臺灣銀行的金融資料,抑或是來自官方的農家調查資料,其所反映出的借貸利率之長期變動趨勢是一致的。

第四章　結　論

　　近年來史學界十分重視古文書的搜集與整理，這些新史料的運用正可彌補文獻上的不足，在社會經濟史的研究上極富史料價值。古文書除了文字契約的部份，亦有數據帳簿的發現。〔註1〕其中帳簿史料除含有豐富的物價數據之外，也經常透露出民間借貸訊息，如借貸雙方之間的資金流向、利息多寡、利息負擔方式等。此外，帳簿內的數據史料，數據本身精準且具有時間上的連續性，是研究當時民間金融問題的良好素材。

　　然而就以往的研究成果來看，古文書中的契約史料方面已有多位學者研究，相對的屬於物價、利息、地租等數據史料卻因資料不全或處理不易，而少有探討。尤以帳簿史料從事民間借貸利率之探討的論著更爲少見，殊爲可惜，本文即是這方面的嘗試。筆者從《新屋鄉葉氏嘗簿》這本來自民間的收支帳簿中摘取有效的借貸利息數據，建立一組可靠的利率數列及分析其長期趨勢，由此探索日治時期臺灣北部民間借貸利率變動的情形。

　　《新屋鄉葉氏嘗簿》爲葉氏家族於明治34年至昭和27年（1901～1943）之間的收支帳簿。嘗簿收支中除米穀交易資料外，以借貸數據居多。米價部份早先已有何佳韻以該本帳簿爲史料，整理出這段時期新屋地區的米價訊息。而本文即以借貸利息作爲研究的方向，試圖透過該本嘗簿的解讀與分析，整理出日治時期新屋地區的借貸利息訊息，以填補日治時期臺灣北部民間借貸利率文獻的不足，同時冀望未來能成爲經濟史研究相關議題的基礎。

　　根據帳簿中多筆借貸個案的整理分析，不難發現日治時期葉氏家族借貸

〔註 1〕何佳韻，〈日治時期臺灣北部地方米價的新探索——《新屋鄉葉氏嘗簿》的解讀與分析〉（臺南：國立成功大學歷學系在職專班碩士論文，2010年），頁59。

活動的特徵，具備以下數點特性：其一、借貸對象以家族成員爲主，且借貸規模不小。其二、利息給付方式將影響利率高低，納貨幣利息者比納穀物利息者其利率偏低。其三、利息給付方式以穀物居多，這與穀物利息易受穀價的漲跌起伏有關。其四、採取議定且固定利率的方式，借期長短並非借貸時的關鍵因素。葉氏家族可視爲日治時期臺灣北部民間借貸的縮影，因此其所反映出的借貸特性，正是該時期臺灣北部民間借貸的共同特徵。

從《新屋鄉葉氏嘗簿》整理出不同的利率數列，有貨幣利率數列、穀物利率數列及借貸利率數列。將這些不同的利率水平交叉比對，本文獲得的結論如下：首先將貨幣利息與穀物利息之年利率進行比較，發現呈現不同的變化趨勢，即前者大致維持年率 10%，後者雖起伏不定，但年率均高於 10%。換言之，以穀物給付利息，其利率是高於貨幣。其次，將穀物利息與同時期新屋地區之米價數據進行比較，得出穀物利息之利率隨穀價漲跌而起伏。因此，對債務人而言，以貨幣支付利息比穀物有利；相反的，對債權人而言，收取穀物利息比貨幣有利，但因受穀價波動，較具風險。

至於葉氏家族借貸利率長期變動的情形，筆者觀察後發現貸放利率並無隨年份上升或下降的趨勢，大多維持於年率 10%～15%之間。葉氏家族貸放利率於 1899 至 1903 年間，呈現上升後滑落的現象；1910 至 1918 年間，其利率雖起伏頗大，但多不超過 15%；1925 至 1927 年間，又出現下降的趨勢。依據前文所述，這種情形應與穀價波動有密切關聯。至於借入利率部份，因帳簿借入的利息資料有限，加上時間不連貫，實無法觀察其利率長期變化的情形。然而，從其利率分布圖看來，借入利率仍以年率 10%～15%居多。故整體而言，葉氏家族借貸之年利率大致介於 10%～15%。

《新屋鄉葉氏嘗簿》的利率數值是來自民間的，而由官方的利率數據反映出的變動又如何呢？以官方數據資料研究的文章包括葉淑貞的〈日治時代臺灣的地租水準〉、吳聰敏的〈臺灣的名目利率與物價膨脹率：1907～1986年〉。葉淑貞利用官方的調查資料，建立日治時期農家借款利率水平，是地主與農民之間的借貸關係。這點與本文相同，借貸對象均來自民間，反映民間借貸利率的變動。吳聰敏則透過臺灣銀行對一般銀行的放款利率，建立日治時期的利率水平，是銀行與銀行之間的借貸關係。雖然吳聰敏在借貸對象上與本文不同，而且臺灣銀行的利率調整摻有政策考量，但筆者認爲臺銀在調整利率的同時，仍會考量到當時的經濟環境。再加上，現存近人研究中不易

找到銀行對一般大眾的放款利率資料。基於上述因素，本文採取吳氏的研究。在了解資料來源與借貸對象之異同後，將這兩篇文章的利率變動與本文進行比較，發現無論是透過民間帳簿的解讀，或是運用臺灣銀行的金融資料，抑或是來自官方的農家調查資料，其所反映出的借貸利率之長期變動趨勢是一致的。

　　影響利率上升或下降的因素眾多，如物價、貨幣、政策……等，本文並未涉及這些範疇，因此尚有欠缺之處，需留待後人或資料充足時再行討論。此外，日治時期雖有豐富的金融統計資料，但因少有學者整理分析，以致本文在進行利率史研究時，往往受限於史料不足與時間有限，而未能有更進一步的進展。

　　不同於上述學者使用官方或金融的統計資料，本文使用最基層的帳簿史料，並從帳簿解讀，繼而建立利率數列，此為一般人極少碰觸且較不願花費功夫的範疇。因此，本文以新出土史料為主所做的基本研究，可提供後來學者研究日治時期利率史的基礎，同時也是各項延伸議題研究的起點。這正是本文努力之所在。

徵引書目

一、史料

1. 《新屋鄉葉氏嘗簿》，原件爲新屋鄉葉佐禹鄉長收藏。
2. 臺灣省文獻委員會編印，《臨時臺灣舊慣調查會第一部調查第三回報告書臺灣私法》，南投：臺灣省文獻委員會，1993 年，第 3 卷。

二、專書

1. 王世慶，《清代臺灣社會經濟》，臺北：聯經出版事業公司，1994 年。
2. 片岡巖著，陳金田譯，《臺灣風俗誌》，臺北：眾文出版社，1987 年。
3. 尹章義編，《新屋鄉志》，桃園：桃園縣新屋鄉公所，2008 年。
4. 吳耀輝，〈經濟志金融篇〉，《臺灣省通志稿》，卷 4，臺北：臺灣省文獻委員會，1959 年。
5. 東嘉生，《臺灣經濟史研究》，臺北：東都書籍株式會社臺北支店，1944 年。
6. 柯志明，《米糖相剋：日本殖民主義下臺灣的發展與從屬》，臺北：群學出版社，2006 年。
7. 洪震宇，《臺灣農村經濟研究》，臺北：自立晚報社，1984 年。
8. 洪敏麟，《臺灣舊地名之沿革》，臺北：臺灣文獻委員會，1977 年。
9. 陳秋坤，《清代臺灣土著地權：官僚、漢佃與岸裡社人的土地變遷，1700～1895》，臺北：中央研究院近代史研究所，1994 年。
10. 許雪姬，《龍井林家的歷史》，臺北：中央研究院近代史研究所，1990 年。
11. 張清溪、許嘉棟、劉鶯釧、吳聰敏合著，《經濟學：理論與實際》，編著自行發行，2004 年。
12. 詹姆斯・斯科特（James C. Scott）著，程立顯、劉建等譯，《農民的道義經濟學：東南亞的反叛與生存》（The Moral Economy of the Peasant：

Rebellion and Subsistence in Southeast Asia），南京：譯林出版社，1976 年。

13. 謝美娥，《清代臺灣米價研究》，臺北：稻鄉出版社，2008 年。

三、論文

1. 王世慶，〈十九世紀中葉臺灣北中部銀錢比價變動初探〉，收於陳秋坤、洪麗完編，《契約文書與社會生活——臺灣與華南社會（1600～1900）》，臺北：中央研究院臺灣史研究所籌備處，2001 年，頁 141～172。

2. 王世慶，〈十九世紀中後期臺灣北中部銀錢比價變動續探（1839～1895）〉，《中國海洋發展史論文集》，第 8 輯，臺北：中央研究院中山人文社會科學研究所，2002 年，頁 242～259。

3. 李世暉，〈日本政府與殖民統治初期臺灣的幣制改革〉，《政治科學論叢》，第 38 期，2008 年 12 月，頁 71～112。

4. 何佳韻，〈日治時期臺灣北部地方米價的新探索——《新屋鄉葉氏嘗簿》的解讀與分析〉，臺南：國立成功大學歷學系在職專班碩士論文，2010 年。

5. 沈昱廷，〈北港吳資生家族研究〉，臺中：東海大學歷史研究所碩士論文，2007 年。

6. 周翔鶴，〈清代臺灣民間抵押借貸研究〉，《中國社會經濟史研究》，1993 年第 2 期，頁 61～71。

7. 吳聰敏，〈臺灣的名目利率與物價膨脹率：1907～1986 年〉，《經濟論文叢刊》，第 23 卷第 4 期，1995 年 12 月，頁 419～443。

8. 吳聰敏，〈臺灣農村地區之消費者物價指數：1902～1941〉，《經濟論文叢刊》，第 33 卷第 4 期，2005 年，頁 323～357。

9. 吳聲淼，〈隘墾區伯公研究：以新竹縣北埔地區爲例〉，桃園：國立中央大學客家社會文化研究所碩士論文，1998 年。

10. 邱正略，〈古文書與地方史研究——以埔里地區爲例〉，收於逢甲大學歷史與文物管理研究所臺灣古文書學會編校，《臺灣古文書與歷史研究學術研討會論文集》，臺中：逢甲大學出版社，2007 年。

11. 莊英章、連瑞枝，〈從帳簿資料看日據北臺灣鄉紳家族的社會經濟生活：北埔姜家爲例〉，《漢學研究》，第 16 卷第 2 期，1998 年 12 月，頁 79～114。

12. 莊英章、陳運棟，〈清末臺灣北部中港溪流域的糖廍經營與社會研究：頭份陳家的個案研究〉，《中央研究院民族學研究所集刊》，第 56 卷，1983 年 12 月，頁 59～110。

13. 陳宛妤，〈法律繼受與傳統融資活動——以合會與當舖在臺灣的法律發展軌跡爲中心〉，臺北：國立臺灣大學法律學研究所碩士論文，2005 年。

14. 彭凱翔、陳志武、袁爲鵬等人，〈近代中國農村借貸市場的機制——基於民間文書的研究〉，《經濟研究》，2008 年第 5 期，頁 147～159。

15. 曾汪洋，〈日據時代臺灣糖價之研究〉，收於臺灣銀行經濟研究室編，《臺灣經濟史》，上冊，第 4 集，臺北：古亭書屋，1956 年，頁 84～85。

16. 曾品滄，〈臺灣舊式帳簿的搜集與運用〉，收於《中國現代史專題研究報告（二十一）——臺灣史料的蒐集與運用討論會論文集》，中華民國史料研究中心編印，2000 年，頁 471～522。

17. 曾品滄，〈晚清臺灣士紳家族物質生活初探——以霧峰林家錦榮堂之飲食為例〉，收於胡春惠、吳景平主編，《現代化與國際化進程中的中國社會變遷》，復旦大學歷史學系暨香港珠海大學亞洲研究中心編印，2003 年 4 月，頁 685～698。

18. 葉淑貞，〈日治時代臺灣的地租水準〉，《臺灣史研究》，第 8 卷第 2 期，2001 年 12 月，頁 97～143。

19. 張怡敏，〈日治時代臺灣地主資本累積之研究——以霧峰林澄堂系為個案〉，臺北：政治大學地政學系博士論文，2001 年。

20. 黃典權，〈古帳研究一例〉，《臺南文化》，第 6 卷第 3 期，1959 年，頁 1～89。

21. 黃典權、李晃世，〈清代臺灣地方物價之研究〉，《國立成功大學歷史系歷史學報》，第 4 號，1977 年，頁 41～129。

22. 劉素芬，〈十九世紀龍井林家的土地經營〉，《臺灣史研究》，第 2 卷第 2 期，1995 年 12 月，頁 53～86。

23. 賴玉玲，〈帳簿的運用與史料價值——以《粵東義民祀典簿》為例〉，《史匯》第 5 期，2001 年 8 月，頁 18～20。

附　錄

日治時期新屋地區米價及長期趨勢表

單位：圓／米石

年	價　格	趨勢值	年	價　格	趨勢值
1901	4.86	3.86	1923	9.97	10.70
1902	5.20	4.17	1924	12.60	11.01
1903	5.61	4.48	1925	16.50	11.33
1904	5.06	4.79	1926	14.22	11.64
1905	4.41	5.11	1927	10.80	11.95
1906	5.78	5.42	1928	11.60	12.26
1907	7.16	5.73	1929	10.80	12.57
1908	5.57	6.04	1930	7.40	12.88
1909	4.72	6.35	1931	6.00	13.19
1910	6.00	6.66	1932	9.90	13.50
1911	7.59	6.97	1933	8.53	13.81
1912	8.30	7.28	1934	10.40	14.12
1913	5.92	7.59	1935	11.36	14.44
1914	6.72	7.90	1936	11.68	14.75
1915	7.20	8.22	1937	12.00	15.06
1916	5.51	8.53	1938	14.76	15.37
1917	8.29	8.84	1939	17.52	15.68
1918	13.13	9.15	1940	21.15	15.99
1919	19.80	9.46	1941	20.73	16.30

1920	9.60	9.77	1942	22.26	16.61
1921	9.80	10.08	1943	22.49	16.92
1922	8.00	10.39			

資料來源：何佳韻，〈日治時期臺灣北部地方米價的新探索──《新屋鄉葉氏嘗簿》的解讀與
分析〉（臺南：國立成功大學歷史學系在職專班碩士論文，2010 年），表 3～7，頁
49～50。

日治時期臺灣北部地方米價的新探索
——《新屋鄉葉氏嘗簿》的解讀與分析

何佳韻　著

作者簡介

何佳韻，畢業於台灣師範大學歷史系，於執教期間，深感「教然後知困」，決心再度進修，考上成功大學歷史研究所，師承謝美娥教授，獲得多方協助，尤其是臺灣地方經濟史，因而完成此論文。

提　　要

本文試圖從《新屋鄉葉氏嘗簿》中摘取穀價數據，建立一個米價數列及分析其長期趨勢，由此探索日治時期北部地方米價。以此基礎研究，期待未來有志者進而延伸研究有關日治時期臺灣全島的米價。

新屋地區由清代廣東移民的開墾，至日治時期稻米的改良與新品種的移植、桃園大圳的興建等，使得稻作蓬勃發展，新屋地區成為北部重要的稻米產地。

根據《新屋鄉葉氏嘗簿》米價數據變動，分為三種不同分期：第一期 1901～1916 年米價平穩期、第二期 1917～1931 年米價劇烈波動期、第三期 1932～1943 年米價飆升期。利用長期趨勢法及十年移動平均法來看米價於長時間的變化，嘗簿記載米價的趨勢及移動是向上增長，而米價極端值出現在西元 1919、1925 年，以及 1940 年代。米價極端值出現的那幾年正好與全臺水稻受災的變化相符，表示米價會受災害影響，因而攀升。

將官方的米價變動與本文做比較，發現變動的曲線幾乎一致，且極端數值的年份也相同，證明民間與官方的米價變動有其關聯性。

誌　謝

　　本篇論文的完成，首先必須感謝我的指導教授　謝美娥老師，在寫論文的過程中，老師總是細心地指導著我，並且在我困惑時，有耐心地協助我解決問題，學生在此表達由衷的感謝。口試期間特別感謝邱麗娟教授、鄭永昌教授的審查改正，並給了學生許多的建議。

　　在投入教育職場後，我深感自己的學識不足，因此決定再次回到校園學習。當工作與課業兩頭燒，面臨左右為難的時候，身邊的同事給了我很大的鼓勵與支持，感謝好友馥甄、慈宜、孟蓮、士芬、瑞珍、春惠、奕棻以及凱嵐，有妳們真好。也感謝學姊雅茜，常常激勵我，分享許多生活經驗。

　　感謝父母多年來的支持與栽培，儘管遠在台北，對我的關心始終沒有距離。而外子忠諺在這三年間的體貼與照顧，則是我能夠專心完成學業的最大後盾，謝謝你！

表目錄

圖目錄

第一章　緒　論

第一節　研究動機和研究目的

　　「吃米拜田頭，吃果子拜樹頭。」臺灣人飲水思源的傳統，充分表現在諺語當中。米飯是飯桌上必備的食物，臺灣人對米飯也有不可取代的情感。而自古以來臺灣的米飯並非都是相同的，有別於臺灣土生的「在來米」，日治時期磯永吉博士將日本種的稻米成功地在臺灣培育，即使是溫度較高的南部，也有一年雙收的好成績。這個新品種的稻米原本要命名為「新高米」或「新臺米」，但大正 15 年（1926）在臺北召開的日本米穀大會上，總督伊澤多喜男正式命名為「蓬萊米」，也是臺灣目前最主要的食用米品種。

　　若以作物種植面積來觀察臺灣各種糧食作物的排行榜，按 1939～1943 年的順位，前五名為稻米、甘蔗、甘藷、茶、落花生，其中稻米一直遙遙領先。1980 年代以來稻米生產過剩，即使政府獎勵稻田轉作其他作物，稻米仍維持著種植面積佔全省最大地位。〔註1〕稻米除了是生活所需之外，稻米價格的變動也反應了常民經濟生活的歷史。就如同第二次世界大戰後，臺灣物價飛漲、通貨膨脹，尤其是米價居高不下，民眾生活困難、社會動盪不安，這種種因素也導致二二八事件的發生。因此，米價研究雖在經濟史中較不為人所注意，但只要糧價史料來源可靠且豐富，其研究仍將開拓出不同於以往的新視野。本文探索的新史料《新屋鄉葉氏嘗簿》就具備這樣一種性質。〔註2〕

〔註1〕 吳田泉，《臺灣農業史》（臺北：自立晚報出版社，1993 年），頁 412～416。
〔註2〕 《新屋鄉葉氏嘗簿》是筆者自訂名稱，原簿封面未有題名，為新屋鄉葉佐禹

　　《新屋鄉葉氏嘗簿》出自新屋鄉，該地於 2007 年設立一座稻米博物館，將日治時期留存下來的穀倉及稻穀加工廠整修而成，介紹各種類的米、木造碾米機、埤塘水圳、穀倉運作等。此地能有稻米的博物館，代表稻米對新屋鄉來說是不可或缺的作物，實際上，新屋鄉在臺灣北部地區可說是重要的水稻產地，甚至有米都之稱。

　　新屋鄉之所以成為臺灣北部重要的水稻產地，實奠基於日治時期許多近代化農業發展，如導入近代的組織與新的技術、河川水圳的修築、舊品種的改良、新品種的移植等。而《新屋鄉葉氏嘗簿》正好提供了這個時期米價的原始史料，不但資料齊全，幾無缺頁與蟲蛀現象，上下各年接續不斷達 43 年之久。因此，如何將這些米價訊息完整解讀，是筆者所關注的議題。

　　本文試圖利用這份新資料，整理出 1901 至 1943 年新屋地區的米價訊息，一方面將可填補日治時期臺灣北部地方米價的變動趨勢，另方面本文所做的研究，實為未來有志者研究日治時期臺灣全島米價的基礎。

第二節　研究回顧及研究方法

　　臺灣經濟史中以帳簿作為史料的研究尚屬少數，雖然早期商家或地主會設有帳簿記錄其交易狀況，但因屬於私家文書，少有對外公開。再者，可能因為帳簿的字跡潦草、複雜的記帳組織、年代久遠毀損而不易辨認，或是帳簿的記錄時間不能連貫而難以看出趨勢等緣故，使得帳簿的搜集與研究大受限制，因此前人的研究更難能可貴。

　　以研究主題來分類，屬於社會經濟生活方面，有黃典權〈古帳研究一例〉和莊英章、連瑞枝〈從帳簿資料看日據北臺灣鄉紳家族的社會經濟生活：以北埔姜家為例〉。〈古帳研究一例〉大致將安平顏家帳簿作分析研究，安平顏家帳簿是經過整理保存的帳簿，應可歸類於總簿，其記載的時間介於同治 7 年至 12 年間（1868～1873）共計 11 年的記錄。黃典權從古帳的收入看出流通的貨幣以銀錢為主、繳納租金利息的時間頗受約束、當時利率的行情等，也從支出記錄中看出古代的生活問題，其中包括食衣住、教育、習俗及醫藥等，皆可為生活史多增添研究史料。更深入探討銀元與銅錢兌換價值的變

鄉長收藏。

動，以及民生物價的漲跌；〔註3〕莊英章、連瑞枝所著〈從帳簿資料看日據北臺灣鄉紳家族的社會經濟生活：以北埔姜家為例〉，是利用北臺灣北埔姜家日治時期的帳簿資料，包括《日清簿》、《收入開費總抄簿》以及《內外各佃總抄簿》。帳簿本身所保存的時間，大約是在大正11年至昭和10年期間（1922～1935）。莊英章、連瑞枝透過姜家所保留下來的帳簿，更深入探討實際生活內容的消費行為、傳統與日治時期的投資行為，發現日治時期的臺灣鄉紳家族依然以傳統經營土地方式為最主要的經濟基礎，並在政治變動下仍保有其原有的經濟優勢。〔註4〕

帳簿研究涉及經濟產業方面則有，莊英章與陳運棟合著的〈清末臺灣北部中港溪流域的糖廍經營與社會發展：頭份陳家的個案研究〉。北部頭份陳家糖廍帳簿，是糖廍結束業務後清算對帳簿，其計帳時間，今殘存的部份為光緒10年至20年間（1884～1894），但較完整的僅有光緒11年至15年間（1885～1889）的帳簿。莊英章、陳運棟選擇較完整的光緒11至15年（1885～1889）資料為樣本，分析其成本與收益，利用現代會計方法研究傳統的製糖業。此外，透過陳家渡臺拓墾與發展過程之個案研究，以分析糖廍對一個家族社會地位上升流動的關係，進而分析糖業對晚清臺灣發展的影響，並重建臺灣糖廍經營發展的歷程。〔註5〕

利用帳簿研究土地問題，有陳秋坤所著《清代臺灣土著地權——官僚、漢佃與岸裡社人的土地變遷（1700～1895）》一書，是利用岸裡大社文書收有若干的收租總簿所做的研究。這些租簿裡頭詳列岸裡社漢佃姓名、贌耕甲數、年租額以及佃人納租情形。從這些帳簿，可以進一步瞭解漢佃耕田甲數、實際納租，以及業主對漢佃的監督情形，並進一步分析18至19世紀末葉借貸利息負擔的問題。〔註6〕除了陳秋坤外，利用帳簿分析利息的還有王世慶，在他所寫的《清代臺灣社會經濟》，其中一篇〈十九世紀中葉臺灣北部

〔註3〕　黃典權，〈古帳研究一例〉，《臺南文化》，第6卷第3期（1959年），頁1～89。

〔註4〕　莊英章、連瑞枝，〈從帳簿資料看日據北臺灣鄉紳家族的社會經濟生活：北埔姜家為例〉，《漢學研究》，第16卷第2期（1998年12月），頁79～114。

〔註5〕　莊英章、陳運棟，〈清末臺灣北部中港溪流域的糖部經營與社會發展：頭份陳家的個案研究〉，《中央研究院民族學研究所集刊》，第56期（1983年12月），頁59～110。

〔註6〕　陳秋坤，《清代臺灣土著地權：官僚、漢佃與岸裡社人的土地變遷，1700～1895》，臺北：中央研究院近代史研究所，1994年。

農村金融之研究──以興直堡銀主小租戶廣記為例〉，是利用淡水廳興直堡
之張姓小租戶的《廣記道光二十二年歲次壬寅吉置總抄簿》做研究，小租戶
廣記除收小租穀外，還有出租店舖、地基，批售米穀，出借銀穀收取利息銀
穀，同時也借入銀穀，並經營土壠間等。王世慶探討自道光 22 年至同治 8
年（1842～1869）共計 28 年資料，有關於臺灣北部民間金融及米穀價格之
情形。〔註 7〕另外，王世慶更應用竹塹新埔枋寮等十三庄義民廟烝嘗之《敕
封粵東義民祀典簿》進行分析，祀典簿記包括道光 15 年 6 月至光緒 19 年 6
月止（1835～1893），共計 59 年之義民廟收支帳目，惟其中缺漏道光 22、
24 及 28 年，咸豐 4 及 10 年，同治 6、8、9 及 10 年，光緒 8～14、16～18
年，共缺漏計有 19 年之資料，實際保有 38 年之完整資料。〔註 8〕此外，王
氏還參考《臺中龍井林家光緒十九、二十年清簿》及《龍井金本發號光緒二
十一年收支簿》兩冊，建構清代臺灣北中部銀錢比價史實，續探清代臺灣中
後期（1839 至 1895）臺灣北部竹塹地區及中部龍井地區銀錢比價之變動情
形，考究竹塹、龍井及臺北地方與中國大陸銀錢比價之比較，以及銀錢比價
漲跌的原因。〔註 9〕

利用帳簿文獻作物價研究的有，黃典權、李冕世所著〈清代臺灣地方物
價之研究〉，該著以臺灣銀行經濟研究室編印之《臺灣文獻叢刊》所記載的
史料為研究，包括《道光間收租帳項》數十種、《同治間古帳》四十七葉、
《德發號丙申連丁酉銀錢出入日清簿》和《德發號連丁酉採兌貨清簿》等共
309 種資料記錄，時間從康熙 22 至光緒 22 年（1683～1896），分析整個清
代的米、糖、油、柴薪物價，其中以米穀價格蒐集最為齊全，可惜各帳簿時
間不甚連續，款項的地點也不同，某一筆資料在東港，下一筆卻在諸羅，範
圍從北到南皆有，內容零散難以統整。〔註 10〕王世慶在〈十九世紀中葉臺

〔註 7〕 王世慶，〈十九世紀中葉臺灣北部農村金融之研究：以興直堡銀主小租戶廣
記為例〉，原刊於《臺灣文獻》，第 39 卷第 2 期（1988 年），頁 1～48，亦
見王世慶著，《清代臺灣社會經濟》（臺北：聯經出版事業公司，1994 年），
頁 1～72。

〔註 8〕 王世慶，〈十九世紀中後期臺灣北中部銀錢比價變動續探（1839～1895）〉，
《中國海洋發展史論文集》，第 8 輯（臺北：中央研究院中山人文社會科學
研究所，2002 年），頁 242～259。

〔註 9〕 王世慶，〈十九世紀中後期臺灣北中部銀錢比價變動續探（1839～1895）〉，頁
239～268。

〔註 10〕 李冕世、黃典權，〈清代臺灣地方物價之研究〉，《國立成功大學歷史系歷史學

灣北部農村金融之研究——以興直堡銀主小租戶廣記爲例〉中，也依據〈廣
記道光二十二年歲次壬寅吉置總抄簿〉略爲提到道光咸豐同治年間（1843
～1869）臺灣北部之米穀價格。〔註11〕

　　上述所列前人研究的帳簿，除了莊英章、連瑞枝所用北臺灣北埔姜家的
帳簿資料是日治時期，其餘帳簿時代多在清朝。在 70 年代以降，由中研院
近史所、史語所等合作成立的臺灣史田野研究室（即今日臺灣史研究所的前
身），展開持續性地古文書蒐藏整理工作。雖然這些蒐集工作以古契約文書
爲主要目標，但帳簿也在此時開始被視爲古文書的重要部份，而不再被當作
是古契約文書的附屬品，也因此對於帳簿蒐集的數量不斷地增加中，臺史所
古文書室成爲國內最重要的舊式帳簿典藏機構。曾品滄在〈臺灣舊式帳簿的
搜集與運用〉中，即將中央研究院臺灣史研究所古文書室所藏帳簿做一完整
的表格整理，其中屬於日治時期的帳簿如表 1-1 所列。從表 1-1 可以看出，
中研院臺史所古文書室所藏日治時期的帳簿數量不多，共有 29 份。帳簿的
地區多在中北部，如宜蘭、霧峰、新莊、臺北市、三峽鎮、新竹等，性質則
有日清簿、總簿、賬簿等。而帳簿的時間多爲 1～3 年，少數如《修齊堂日
清簿》（三冊）有 8 年、《金英源日清簿》有 7 年、《四房公帳簿（深坑陳魁）》
則有 17 年的時間。〔註12〕本論文以《新屋鄉葉氏嘗簿》爲研究材料，帳簿
記錄時間從明治 34 年至昭和 18 年（1901～1943），共計 43 年，遠超過臺史
所典藏的較長時期帳簿，是難得的珍貴資料。就帳簿時間而言，《新屋鄉葉
氏嘗簿》記錄連續且少闕漏。其次，就研究地區而言，在桃園地區（或謂北
部地區）發現且研究的帳簿並不多，若以時代來看，眾多帳簿多以清代爲主，
日治時期的資料尚缺。再以帳簿性質分析，《新屋鄉葉氏嘗簿》是祭祀所需
記錄的嘗簿，也屬少有，因此本篇論文所用《新屋鄉葉氏嘗簿》，資料完整
且能研究日治時期長時間，對於探討基層平民的交易米價而言，是具有開創
性的史料。

　　　　報》，第 4 號（1977 年），頁 41～129。
〔註11〕王世慶，〈十九世紀中葉臺灣北部農村金融之研究：以興直堡銀主小租戶廣記
　　　　爲例〉，《清代臺灣社會經濟》，頁 34～49。
〔註12〕曾品滄，〈臺灣舊式帳簿的搜集與運用〉，《中國現代史專題研究報告（二十一）
　　　　——臺灣史料的蒐集與運用討論會論文集》（中華民國史料研究中心編印，
　　　　2000 年），頁 471～522。

表1-1　中央研究院臺灣史研究所古文書室所藏日治時期帳簿一覽表

名　稱	地　區	帳簿性質	時　間
林怡成第四本日清總簿	宜蘭街	日清總簿	大正 2 年（1913）
林裕本堂己亥全年家費早冬租項總結冊	霧峰	總簿	明治 32 年、33 年（1899、1900）
費麥克資料（二）（金成號立號草清簿、金裕立號貨底數簿、金裕立號草清第一本數簿）	不詳	草清簿	明治 38 年、39 年（1905、1906）
修齊堂日清簿三冊	不詳，疑爲彰化一帶	日清簿	大正 13 年（1924）、大正 14 年至昭和 6 年（1925～1931）、昭和 3 年（1928）
蔡正直商店總簿	不詳	總簿	昭和 10 年、11 年（1935、1936）
租簿、帳簿	不詳		昭和 11 年至民國 36 年（1936～1947）
福德正神神明會——日帳簿三冊（日清簿二件、什記帳簿一件）	臺中大甲	日清簿	大正 7 年、昭和 11 年、13 年（1918、1936、1938）
人身契、中部地區契字、帳簿	苗栗二堡房子仔庄、五里牌庄		明治 42 年、大正 6、7 年（1908、1927、1928）
春記支號壬子全年結冊	臺北市		大正 2 年（1913）
李節記壬子全年結冊	臺北市		大正 2 年（1913）
金聯春	三峽鎮		大正 5 年（1916～1917）
金聯興金商第一部號頭部	三峽鎮		大正 12 年 9 月（1923）
地租帳簿（廖興記）	三峽鎮		大正 14 年（1925～1926）
廖氏帳簿	三峽鎮		大正年間
借銀及地租帳簿	三峽鎮		昭和 5 年（1930～1931）
開費日記簿	三峽鎮		昭和 14 年 8 月（1939）
金英源丙申年開張帳簿	新莊		明治 29 年 6 月（1896）
金英源日清簿	新莊	日清簿	明治 29 年 2 月至 36 年 5 月（1896～1903）
長安嘗賑簿	新竹新埔街	賑簿	明治 44 年（1910）
孔聖嘗賑簿	新竹新埔街	賑簿	明治 44 年（1910）
崇文嘗賑簿	新竹新埔街	賑簿	明治 45 年（1911）

群興嘗賑簿	新竹新埔街	賑簿	明治 45 年（1911）
建昌嘗賑簿	新竹新埔街	賑簿	明治 45 年（1911）
誠應嘗賑簿	新竹新埔街	賑簿	明治 45 年（1911）
集福嘗賑簿	新竹新埔街	賑簿	明治 45 年（1911）
崇文嘗即文昌嘗賑簿	新竹新埔街	賑簿	大正 2 年（1913）
延世嘗即注生娘	新竹新埔街		大正 2 年（1913）
孔聖嘗	新竹新埔街		大正 2 年（1913）
四房公帳簿（深坑陳魁）	臺北深坑		大正 5 年至昭和 7 年 12 月（1916～1932）

資料來源：出自曾品滄，〈臺灣舊式帳簿的搜集與運用〉，《中國現代史專題研究報告
（二十一）——臺灣史料的蒐集與運用討論會論文集》（中華民國史料研究
中心編印，2000 年），表二、三，頁 485～493。

　　臺灣米價正式成為一個研究領域，開端於王世慶所著《清代臺灣社會經
濟》中的第二篇〈清代臺灣的米價〉與第三篇〈清代臺灣的米產與外銷〉，不
過其所使用的史料以清代臺灣各地方志、《明清史料》、《臺灣文獻》及《臺灣
慣習記事》為主，而非帳簿。〈清代臺灣的米價〉論述米穀市價和官價之變動
比較、政府之採買、折徵及平糶等措施，時間從康熙 21 年至光緒 21 年（1682
～1895），跨越的時間很長，範圍也很大，從淡水至鳳山皆有資料，可惜資料
零星且時間不連續。〔註 13〕而另一篇〈清代臺灣的米產與外銷〉則探討清代
臺灣的墾耕發展和米產的發達，及其外銷大陸沿海各省的情形，時間從雍正
元年至光緒 18 年（1723～1892），僅根據舊志檔案及《明清史料》等統整，
資料較零碎而分散。〔註 14〕另使用海關報告者有林滿紅所著《茶、糖、樟腦
業與臺灣之社會經濟變遷（1860～1895）》，將 1868 至 1895 年淡水、打狗海
關資料部份合計，以外船載運米之進出口值繪製成表格，說明 1868 至 1894
年間米的出口總值小於進口總值，而茶、糖、樟腦取代原來的米、糖，成為
臺灣的主要出口品。〔註 15〕

　　除了帳簿、方志、海關報告外，能形成米價長期時間數列的是清代官方

〔註 13〕 王世慶，〈清代臺灣的米價〉，《臺灣文獻》，第 9 卷第 4 期（1958 年），收於王
世慶著，《清代臺灣社會經濟》，頁 73～91。
〔註 14〕 王世慶，〈清代臺灣的米產與外銷〉，《臺灣文獻》，第 9 卷第 1 期（1958 年），
收於王世慶著，《清代臺灣社會經濟》，頁 93～129。
〔註 15〕 林滿紅，《茶、糖、樟腦業與臺灣之社會變遷（1860～1895）》（臺北：聯經出
版事業公司，1997 年），頁 10～12。

糧價報告系列史料。官方糧價報告系列史料，來源包括兩種：一是由縣而府州而省的各級行政官員彙集，有一定的糧價報告格式，經由清代建立且為例行性的糧價陳報制度而產生的糧價史料，全漢昇、王業鍵稱之為「經常報告」（Regular Report）；其二來自有上奏特權的官吏將所駐在地或巡視地區所訪得的糧價隨時奏報的報告，由於奏報者不限文武職，奏報格式和期限也沒有限定，是向皇帝奏事或請安時順便的報告，稱為「不規則報告」（Special Report）。〔註16〕這兩個系統的官方史料，基本上就是現存大量清代官員的奏摺與附件，以及與奏事相關的皇帝硃批、錄副抄本，現在幾乎都典藏在大陸北京第一歷史檔案館及臺北故宮博物院。而王業鍵耗費了數十年的努力將第一歷史檔案館製成的糧價清單微捲327捲，以及臺北故宮典藏的所有糧價清單，全部轉成可在電腦上查詢使用的數據庫，這就是目前世界上最為有系統和全面性的一個數據資料庫，稱為「清代糧價資料庫」。〔註17〕此外，一九三〇年代湯象龍領導的研究小組，從戰前北京故宮博物院所藏原始奏摺中，整理道光到光緒朝共二萬六千餘件糧價清單，抄錄成表格化的紙本資料，俗稱「抄檔」，可惜原故宮檔已多散佚。「抄檔」現藏於北京中國社會科學院經濟研究所，此批檔案近年也由王業鍵與典藏單位合作，已轉成數據庫，北京社科院經濟所稱為「清代糧價數據庫」，但因建檔格式問題，未與「清代糧價資料庫」合併，已出版成《清代道光至宣統間糧價表》，共裝訂為20冊。〔註18〕

　　利用王業鍵所編的「清代糧價資料庫」和「抄檔」為主，實錄、省例、會典、方志等為輔，謝美娥所著《清代臺灣米價研究》，將前人糧價做一完整回顧與評述，認為清代臺灣研究若思突破，首須努力於基礎研究，包括可靠而完整的糧價史料的運用、糧價檢測及據此建立出一組價格時間數列，以此數列分析價格的各種變動，並且尋求解釋何以如此變動的相關因素。謝美娥

〔註16〕Han-sheng Chuan and Richard A. Kraus, *Mid-Ch'ing Rice Markets and Trade: An Essay in Price History*（Cambridge, Mass.: Harvard University Press, 1975），pp. 1-6. 王業鍵，〈清代的糧價陳報制度及其評價〉，見王業鍵，《清代經濟史論文集》（臺北：稻鄉出版社，2003年），第2冊，頁4～5。

〔註17〕王業鍵，〈中央研究院主題研究計畫執行成果報告書：清代糧價的統計分析與歷史考察〉，2001年，未刊，轉引自謝美娥，〈清代物價史研究成果評述〉（未發表），頁11～13。

〔註18〕王業鍵，〈中央研究院主題研究計畫執行成果報告書：清代糧價的統計分析與歷史考察〉，2001年，未刊，轉引自謝美娥，〈清代物價史研究成果評述〉（未發表），頁13～14。

充分利用官方糧價報告，也結合清代臺灣地區民間古文書中的帳簿史料，與官方糧價對照比較。其次，也建立了一組可靠的清代臺灣糧價數列，運用計量方法分析此一數列，並輔以在臺北故宮和北京蒐集到的大量定性史料，釐清及解釋這一段價格的長期趨勢、季節變動、循環變動等特性。再次，糧價的變動因素，除了氣候、自然災害、糧價平抑機制外，也探討其餘各因素如消費（人口變動）及流通（糧食流通、糧食供需、貨幣）與糧價變動的具體關聯。〔註19〕

　　清代米價研究已有相當的成果，〔註20〕清代臺灣亦然，而日治時期臺灣的米價研究卻還有待發展。日治時期米價的官方資料來源，分為三大類。一為臺灣總督府民政部、臺灣總督官房調查課所編《日據時期臺灣統計書》；二為臺灣省政府主計處所編《臺灣貿易五十三年表》，記錄從明治 29 年至昭和 23 年（1896～1948）對外貿易的進出口價值及貨物數量。三為《臺灣省五十一年來統計提要》，由臺灣省政府主計處重印（1994），臺灣省行政長官公署統計室編印（1946），摘載日治時代 1895 至 1945 年各項統計資料精華彙整而成之報告。研究日治時期米價的論文，大致利用的是這幾種米價資料。

　　至於近人研究，如川野重任著《日據時代臺灣米穀經濟論》，是以日治時期臺灣的米作農業來解釋殖民地開發的問題，就其生產發展的過程及各種型態、米蔗及米糖的相關關係、米穀商品化機構、米穀在交易上的特殊性格、關於輸出的市場問題、臺灣米價的結構及米穀輸出管理政策等，從各角度深入分析與探討。〔註21〕其次討論米作與產銷制度（含倉儲制度）有李力庸所著《米穀流通與臺灣社會（1895～1945）》，是以米穀流通為主軸，討論米穀生產、商人、社會，及與國家之間的關係。〔註22〕李氏另一著作《日治時期臺中地區的農會與米作（1902～1945）》，旨在處理臺中地區農會的形成、組

〔註19〕謝美娥，《清代臺灣米價研究》，臺北：稻鄉出版社，2008 年。

〔註20〕岸本美緒著，劉迪瑞譯，《清代中國的物價與經濟波動》（北京：社會科學文獻出版社，2010 年）第一章〈清代物價史研究現狀〉，頁 12，提到：「清代物價史長期性動向的研究，主要以全漢昇、王業鍵兩人為中心推進。在全漢昇、王業鍵（1979）、Wang Yeh-chien（1972），黃國樞、王業鍵（1981）等著作中，在對價格資料進行收集整理的同時，圍繞著價格變動的原因也展開了討論。……」

〔註21〕川野重任，《日據時代臺灣米穀經濟論》，臺灣研究叢刊第 102 種，臺北：臺灣銀行經濟研究室，1952 年。

〔註22〕李力庸，《米穀流通與臺灣社會（1895～1945）》，臺北：稻鄉出版社，2009 年。

織及運作等制度層面問題，另一方面則分析當地農會在米作改良與農業技術化推廣有何助益與成效。此外，對於農會在當時人心目中的形象與觀感，及時人對於農會組織運作的檢討，亦加以討論。〔註23〕

柯志明所著《米糖相剋：日本殖民主義下臺灣的發展與從屬》，是從日治臺灣的「米糖相剋」體制探討殖民主義下的發展與從屬關係，重新理解米糖部門間的關係以及階級結構的脈絡，闡明兩部門在生產擴張下如何展現出相異的所得分配模式，而得以對照說明1925年後米作部門特異的發展經驗，並解釋其對既存殖民經濟體制（米糖相剋體制）所造成的衝擊。〔註24〕在柯著第四章中，依據《米穀要覽》整理出1927年至1938年的臺灣與日本的米價、1926年至1939年蓬萊米與在來米出口的百分比。〔註25〕

另，吳育臻的〈臺灣糖業「米糖相剋」問題的空間差異（1895～1954）〉，研究發現「米糖相剋」問題或現象之所以有空間差異，乃在於自然環境和水利設施的影響。因此中北部才是「米糖相剋」問題較嚴重的地區，特別是中部，而南部的製糖會社除了零星的水田原料區外，其他則沒有「米糖相剋」的問題。〔註26〕第四章中使用《米穀要覽》與《移出米概況》、《臺灣米研究》的統計資料，繪製出臺灣的米價變遷（1905～1936）曲線圖。〔註27〕

經濟學界將米價視爲物價指數的構成數值之一，如吳聰敏〈臺灣農村地區之消費者物價指數：1902～1941〉，使用較完整的家庭收支調查與物價統計，重新編製臺灣農村地區之消費者物價指數。由於在農家的消費中，米消費支出所佔比重最高，米價變動強烈影響到消費者物價指數，因此吳氏依據《總督府統計書》和臺灣銀行調查的米價，繪製出1896～1941年的各種米價之比較圖。〔註28〕葉淑貞、俞可倩著〈日治時代台灣對日進出口物價指數之估計與分析〉，是根據日治時期總督府所編的《貿易四十年表》及各年的《貿

〔註23〕 李力庸，《日治時期臺中地區的農會與米作（1902～1945）》，臺北：稻鄉出版社，2004年。

〔註24〕 柯志明，《米糖相剋：日本殖民主義下臺灣的發展與從屬》，臺北：群學出版社，2006年。

〔註25〕 柯志明，《米糖相剋：日本殖民主義下臺灣的發展與從屬》，頁165～167。

〔註26〕 吳育臻，〈臺灣糖業「米糖相剋」問題的空間差異（1895～1954）〉，臺北：臺師大地理研究所博士論文，2003年。

〔註27〕 吳育臻，〈臺灣糖業「米糖相剋」問題的空間差異（1895～1954）〉，頁101。

〔註28〕 吳聰敏，〈臺灣農村地區之消費者物價指數：1902～1941〉，《經濟論文叢刊》，第33卷第4期，（2005年），頁323～357。

易年表》，重新估算臺灣對日進出口物價指數。估計結果顯示，在多數期間，出口到日本的物價與從日本進口之物價有一致的變動方向，並分析影響進出口物價指數的因素。〔註29〕呂漢威的〈臺灣日治時期米價分散度：水準值與變動率〉，探討日治時期各地稻米的價格是否隨運輸成本下降而減少其分散程度，研究的資料來源包括臺灣躉售物價指數是來自於吳聰敏的「臺灣長期的物價與物價指數」（1996）；以及中等在來米每月產地和零售的價格，來自臺灣總督府統計書。呂漢威將 1919 年至 1939 年間在來米產地和零售的月價格資料進行實證分析，討論米價變動率在各地的差異性是否受到通膨變動的影響。〔註30〕高聿嫻的〈臺灣物價膨脹之研究：1914～1920〉，參考吳聰敏（2005）所編製的消費者物價指數，蒐集整理日治時期的金融資料如《臺灣糖業統計》、《臺灣貿易五十三年表》、《金融事項參考書》等，將日治時代物價指數呈現一長期上升的走勢加以驗證，由實證結果發現，物價膨脹的原因是貨幣供給增加所致，而貨幣供給增加的原因，則和當時的貨幣和金融制度有密切的關係。〔註31〕

　　至目前為止，日治時期的米價研究，主要仍以官方米價資料為主。本文所使用的是民間帳簿，為新出土、前人未曾處理過的材料。本文旨在將這種來自民間的帳簿米價資料予以解讀，以建立一個可靠的米價時間數列。

　　本文的研究方法，是質性研究和量化統計並行。

（一）質性研究

　　主要參考資料為方志，包括清代的《諸羅縣志》、日治時期《桃園廳志》、民國後的《桃園市志》、《桃園縣志》以及《新屋鄉志》等。利用上述資料將新屋地區的開墾過程詳細描述，以完備基礎架構。

　　另，專書有《日據時代臺灣米穀經濟論》、《米糖相剋：日本殖民主義下臺灣的發展與從屬》、《清代臺灣米價研究》、《臺灣光復前貨幣史述》以及《臺灣舊慣調查報告書》等，能分析帳簿的時代背景，進而正確地將新屋鄉放置在歷史藍圖。

〔註29〕葉淑貞‧俞可倩，〈日治時代臺灣對日進出口物價指數之估計與分析〉，《經濟論文叢刊》，第 35 卷第 3 期，（2007 年），頁 337～377。

〔註30〕呂漢威，〈臺灣日治時期米價分散度：水準值與變動率〉，臺北：世新大學經濟學研究所碩士論文，2009 年。

〔註31〕高聿嫻，〈臺灣物價膨脹之研究：1914～1920〉，臺北：國立臺灣大學經濟學研究所碩士論文，2008 年。

（二）量化研究

從《新屋鄉葉氏嘗簿》、《新竹州統計書》、《臺灣省五十一年來統計提要》所得到的數據，透過曲線圖、指數等圖表繪製，能讓人一目瞭然。而《新屋鄉葉氏嘗簿》的糧價史料，檢測其可靠性後，按時間先後排列形成時間數列。利用統計學所發展的一套分析變動及變動因素的方法，其中能觀察出糧價在較長時間內的漸增或漸減傾向，是長期趨勢。將帳簿解讀出的訊息，化爲長期趨勢圖，有助於觀察整體概況。另外，日治和民國後的官方數值，也透過統計的研究方法，將新屋地區的稻米耕作情形清楚地呈現。

本文分爲四章，第一章緒論，敘述研究動機、研究目的、研究回顧與研究方法；第二章新屋地區的開發，說明漢人移入與土地拓墾、農業發展以稻作爲主的背景；第三章《新屋鄉葉氏嘗簿》分析，敘述嘗簿的內容書寫樣貌，分析出米價的長期趨勢、十年移動平均，藉由米價數列中極端值的檢驗來確定數列的可信，且與同時期以官方米價資料做出的米價趨勢比較；第四章則是結論。

第二章　新屋地區的開發

第一節　漢人移入與土地拓墾

一、新屋地區的地理位置

　　新屋鄉位於桃園縣沿海鄉之最南端，約為東經 121 度 04 分 03 秒、北緯 24 度 58 分 41 秒。境域西臨臺灣海峽，東毗中壢市與楊梅鎮，北接觀音鄉，南鄰楊梅鎮及新竹縣湖口鄉、新豐鄉。新屋鄉境內有平鎮、伯公岡等臺地向西之傾斜，東高西低地勢平坦，社子溪主支流自東向西橫貫境域，西流入海，圖 2-1 是現今新屋鄉的行政區域圖。新屋鄉原為平埔族人游耕狩獵之地，雍正乾隆年間有陸豐縣客籍姜姓墾戶移墾至此，因初墾地屢遭社仔（今桃園縣新屋鄉社子村）、番婆坟（今社子村）一帶平埔族侵擾，於是棄原屋，向東方另築新屋以居，「新屋」之地名因此出現。〔註1〕

二、荷治與明鄭時期的原住民社會

　　在漢人社會形成之前，有很長一段時間，新屋鄉是原住民活動的區域。當時存在本鄉的平埔族，有凱達格蘭族和道卡斯族，社子溪以北應是凱達格蘭族南崁社的土地，而社子溪以南的主人則是道卡斯竹塹族；現今鄉境與平

〔註1〕　洪敏麟，《臺灣舊地名之沿革》（臺北：臺灣文獻委員會，1977 年），第二冊，
　　　　（上），頁 73～75。

埔族有關之社子、番婆坟等名稱，應該來自道卡斯竹塹社。〔註2〕

16、17 世紀之交，歐洲列強遠渡重洋，來到東方；其中，荷蘭東印度公司於 1624 年派軍佔領臺灣大員（今臺南安平）一帶，並以此爲根據地，揭開荷蘭統治臺灣的序幕。1626 年西班牙人占領臺灣北部，在社寮島（今和平島）建城，取名爲聖薩爾瓦多（San Salvador），也至淡水築聖多明哥城（Santo Domigo），勢力範圍從淡水河流域擴張至三貂角、宜蘭、新竹等地，於 1642 年遭荷蘭人逐出。荷蘭人的勢力是以南臺灣爲主，接收西班牙的勢力範圍後開始進入北臺灣。1644 年 8 月，荷蘭東印度公司將臺灣全島劃分成北部、南部、淡水以及卑南等四個地方集會區。當中的淡水地方集會區管轄北部臺灣，涵括噶瑪蘭（今宜蘭）、雞籠、淡水及該流域以南桃竹苗一帶的廣大區域。新屋地區在名義上雖歸屬於淡水地方集會區，然而實際上，大部分區域仍爲原住民自治的區域。〔註3〕

1661 年鄭成功爲尋求理想的海外抗清基地，於是率領大批軍隊擊退荷蘭人，收復臺灣，以赤崁地方（今臺南地區）爲東都明京，設置承天府與天興、萬年兩縣。所規劃的天興縣縣治設在開化里佳里興（今臺南縣佳里鎮），該縣轄區包括今臺南以北至基隆各縣市。新屋地區隸屬於天興縣管轄。1662 年鄭經繼位，於 1664 年改東都爲東寧，天興、萬年兩縣爲州，並設北路安撫司，獎勵開墾。新屋地區改隸天興州轄區。〔註4〕相傳鄭氏軍隊曾於南崁港（今桃園縣蘆竹鄉）登陸，紮營屯墾，故其地今尚有營盤坑（在今蘆竹鄉五福村）之地名。其地之五福宮，相傳建於永曆時期，且有謝姓者，曾溯南崁溪而上，至今之桃園市一帶。永曆 16 年（1662），明鄭實施撫番政策，於各番社各置通事，並徵收社餉。當時受撫諸番社，共有 34 社。桃園地區則有南崁社、坑仔社、龜崙社、霄裏社。〔註5〕然而，此一時期，明鄭對於臺灣北部的控制力依然不強，大部分的新屋地區仍爲原住民自治的區域，1683 年清朝政府派遣福建水師提督施琅攻克澎湖，鄭克塽遣使投降，結束明鄭對臺灣的統治。〔註6〕

〔註2〕 尹章義編，《新屋鄉志》（桃園：桃園縣新屋鄉公所，2008 年），頁 100～101。
〔註3〕 尹章義編，《新屋鄉志》，頁 209。
〔註4〕 尹章義編，《新屋鄉志》，頁 210。
〔註5〕 盛清沂，〈新竹、桃園、苗栗三縣地區開闢史（上）〉，《臺灣文獻》，第 31 卷第 4 期，（1980 年），頁 155～156。
〔註6〕 尹章義編，《新屋鄉志》，頁 210。

街及平鎮庄、楊梅庄、新屋庄、觀音庄。新屋庄合併原有的新屋區與大坡區，管轄梨頭洲、九斗、上青埔、北勢、石磊子、新屋、東勢、埔頂、社子、番婆坟、十五間、大坡、后庄、蚵殼港、笨子港、楝榔、下田心子、崁頭厝、大牛欄、石牌嶺等區域，上述的地方行政區劃直到 1945 年臺灣歸還中國民國才有所改變。〔註18〕

　　從表 2-1 新屋鄉歷來行政隸屬來看日治的地方行政區劃演變，新屋地區因處於新竹與桃園交界，偶有劃入新竹，亦有歸入桃園的時期，而越接近晚期，新屋地區的行政區劃越趨明顯，也開始出現正式的名稱。

表 2-1　新屋鄉歷來行政隸屬

時　　間		歷　來　行　政　隸　屬
鄭氏時期	永曆 15 年（1661）	天興縣
	永曆 18 年（1664）	天興州
清領時期	康熙 23 年（1684）	諸羅縣
	雍正元年（1723）	淡水廳
	嘉慶 17 年（1812）	淡水廳
	光緒元年（1875）	新竹縣竹北二堡
	光緒 13 年（1887）	新竹縣竹北二堡
日治時期	3 縣 1 廳時期（1895）	臺北縣新竹支廳竹北二堡
	6 縣 3 廳時期（1897）	新竹縣新埔辦務署
	3 縣 3 廳時期（1898）	臺北縣新埔辦務署
	20 廳時期（1901）	桃園廳楊梅壢支廳
	12 廳時期（1909）	桃園廳楊梅壢支廳新屋區
	5 州 2 廳時期（1920）	新竹州中壢郡新屋庄
	5 州 3 廳時期（1926）	新竹州中壢郡新屋庄

資料來源：從《新屋鄉志》第四篇政事篇所敘述之整理。

五、人口比例

　　清代對臺灣人口並無科學而詳細的統計資料，直至日本統治時期才開始人口與土地調查。明治 38 年（1905），臺灣進行第一次人口普查，族群的統

〔註18〕尹章義編，《新屋鄉志》，頁 216〜218。

計也是調查的項目之一。此後，臺灣總督府從大正 4 年（1915）至昭和 10 年（1935），固定每 5 年進行一次調查，因此有了可靠的人口與族群資料。由於日本統治前期和後期的地方行政區劃有頗大的差別，蓋以大正 9 年（1920）以後的人口調查來作爲敘述的資料，而 1920 年以後的新屋庄，其範圍正好相當於今新屋鄉。〔註 19〕

從整體來說，大正 9 年（1920）、大正 14 年（1925）、昭和 10 年（1935）所作的調查中，新屋本島人佔該地總人口的比例高達 99.7%至 99.8%。廣東籍人口佔總人口比例的九成以上，達 92.7%，福建籍人口比例則僅有 7%。根據大正 15 年（1926）的漢人祖籍統計資料，以廣東惠州籍的最多，佔總人口數的比例高達 92%；廣東嘉應州籍的人數次之，約佔總人口的 6%；福建漳州籍人數再次之，僅佔總人口數的 2%。〔註 20〕可知到了 1920 年代仍是客家人多於福佬人。若接著把新屋放在整個桃園地區族群分布來看，可以發現當時已經呈現北桃園之桃園、龜山、蘆竹、大園、八德、大溪 6 個以福佬人爲主的地區，與南桃園之中壢、平鎮、楊梅、觀音、新屋、龍潭 6 個以客家人爲主的地區，形成所謂「北閩南客」的局面。〔註 21〕

第二節　米作發展、租佃及水利設施

一、最初的稻作

荷蘭人據台之前，臺灣尚處於原始農耕狀態，原住民依靠自然而生存，當時的平埔族只懂得耕種粟或稗的原始農耕技術，其農業並未發達。荷人治臺以後，對於原住民的教化頗爲重視，並獎勵種稻，以推行定耕性農業。據荷蘭傳教士報告，自 1641 年開始蕭瓏（今佳里）、麻豆的原住民已陸續有米穀的收穫。〔註 22〕

至於臺灣在來稻的品種，大部分是自明鄭時期開始，隨著漢人移民的入臺，由大陸閩粵各地所帶來，故其所栽培的稻米種類甚爲繁雜，連雅堂所著《臺灣通史》記載，至清末臺灣的在來稻品種，多達 42 種，其品質粗劣雜亂，

〔註 19〕尹章義編，《新屋鄉志》，頁 107～108。
〔註 20〕尹章義編，《新屋鄉志》，頁 108～118。表 3-1-3 和 3-1-4，資料來源爲歷代國勢調查與〈日據時期臺灣漢族祖籍調查〉。
〔註 21〕尹章義編，《新屋鄉志》，頁 109。
〔註 22〕吳田泉，《臺灣農業史》，頁 421。

一品種中常有許多異種及稗等混淆在內，不僅不能一次蒐集同一品種的大量產米，且是好壞、長短、大小、黃白、紅黑相混的狀態。〔註23〕

二、清代稻米的產銷

　　其次在稻米的產銷方面，清初時期由於土地開發仍以嘉南平原為重心，而該地區冬天是旱季，少雨水且水利不發達，旱田較水田為多，蔗園和雜作的分布甚為廣泛，水稻的栽培僅佔耕地面積的 1/3，且當時人口增加，亟需糧食，於是禁止臺米出口。直到乾隆 13 年（1748），由於臺灣中北部水田農業的發展，稻米豐裕，閩浙總督為平糶福建省漳、泉二府米價，於是開放臺米出口。自此之後，開始臺米對閩粵地區的輸出。乾隆中葉，在今高屏溪下游一帶，栽培成功一種稱為「雙冬」的早稻新品種，推廣至各地，不但使臺灣南部的水田農業，由年僅一期變為二期作，更促使臺灣成為「閩粵穀倉」，接濟漳、泉二府青黃不接的重要食米來源。〔註24〕

三、日治時期的稻米改良與移植

　　至日治時期，開始對米穀有更進一步的政策規劃，包括在來米的改良、新品種「蓬萊米」的移植等等，都為臺灣的米作奠下穩固的基礎。在來米的改良必須經過米種改良與技術改良兩個階段，品種改良方法有鹽水選種獎勵及純系育種兩類，鹽水選種是利用化學藥劑或鹽水的浮力來篩選不良的米種。純系育種方面，則是同一品種中摻入有異品種，特別是赤米、烏米與茶米，單位面積產量低，必須把異質米去除。1912 年，總督府開始進行「在來米種改良事業」。要推廣的純系種子先委託警察派出所管區中的「篤農家」栽培繁殖，農會再按市價提高二成向篤農家收購；之後的分發種子、播種、插秧都在農會人員的指導監督下進行。到了 1929 年，第一期在來米全臺僅使用 36 個品種，第二期在來米使用 37 個品種。這些品種呈現相當的在地化，北中南大量種植的品種重複性不高。例如，第一期作中，臺北州使用最多的是下腳柳州、小屋殼、低腳花螺等，新竹州較普及的是烏尖、清油，臺中州是白殼舊、半天仔，臺南州是烏殼與烏殼清油，高雄州是大粒清油、白殼清油。但蓬萊米出現後，在來米的改良及育種事業的步調開始變緩，到了昭和年間，

〔註23〕 吳田泉，《臺灣農業史》，頁 421～422。
〔註24〕 吳田泉，《臺灣農業史》，頁 422。

除了高雄州以外,大部分皆停止在來米的改良。〔註25〕

　　至於新品種「蓬萊米」的移植,早在 1899 年,臺北農事試驗場即從日本移入品種試作,但栽培情形不佳,於是將育種之地轉移至氣候較寒的高臺地,當時日本米種僅臺北七星山周圍高臺地起,順著竹仔湖村以及五指山山麓地帶較有人栽培。1922 年,蓬萊米正式列入官方的生產統計,栽培地區自大屯山、七星山之山谷漸漸順移至淡水、士林平地,很快地遍及臺北州,再進入新竹州、臺中州而普及於全島。1926 年 4 月「大日本米穀大會」在臺北召開時,總督伊澤多喜男將之命名為「蓬萊米」,由於栽培技術及肥料都受到特別技術指導照料,成績斐然。蓬萊米推廣品種不多,全臺適種的品種是「臺中65 號」,「愛國」及「相川」主要在新竹州,「旭」在新竹州以北,「臺中特 6號」在臺中種植,臺南州是「嘉義晚 2 號」、「臺農 22 號」,高雄州為「高雄10 號」但是臺中 65 號是日本米市中最受歡迎的米種,佔了全臺耕作面積的85.39%。蓬萊米的出現奠定了稻米商品化的基礎,並迫使原出口的在來米退回僅供島內自給的地位。〔註26〕

　　由表 2-2 顯示,1938 年包含水陸稻的各種作物耕作總面積,可看出水陸稻所佔的比率。在當時新屋地區隸屬的新竹州佔 77.32%,只比臺北州少1.16%,因此日治時期米作中心在此二州,也正是位於臺灣北部。〔註27〕

表2-2　日治時期米作耕作面積之比率（1938 年）

州　別	各州耕作總面積中水陸稻所佔的比率
臺北州	78.48 %
新竹州	77.32 %
臺中州	62.63 %
臺南州	36.62 %
高雄州	51.02 %
臺東州	44.81 %
花蓮港	64.06 %
全　島	57.20 %

資料來源：川野重任,《日據時代臺灣米穀經濟論》,表63,頁71。

〔註25〕李力庸,《米穀流通與臺灣社會（1895～1945）》,頁 17～20。
〔註26〕李力庸,《米穀流通與臺灣社會（1895～1945）》,頁 17～23。
〔註27〕川野重任,《日據時代臺灣米穀經濟論》,頁 71～72。

四、日治時期新屋地區的稻米發展

　　若要深入了解新竹州中有關新屋庄的米作情形，可研究表 2-3 新屋庄農作物的耕地面積。此區的耕地面積從 1921 至 1934 年逐漸增加，顯示新屋庄農業持續發展。另外，相對於其他經濟作物，如茶、甘藷、落花生、黃麻，屬於糧食作物的稻米耕地面積佔大部分，可知日治時期新屋庄以種植稻米為主。

表 2-3　新屋庄農作物耕地面積（1921～1934）

年 份	稻	茶	甘 藷	落花生	黃 麻
1921	8,297.88	47	596	--	--
1922	8,257.42	47	469	--	--
1923	--	47	630	2	--
1924	8,582.87	47	630	9	1.9
1925	8,367.80	53.75	--	--	--
1926	9,462.22	--	--	--	--
1927	10,027.31	--	--	--	--
1928	10,106.00	--	--	--	--
1929	10,189.30	--	--	--	--
1930	10,639.00	--	--	--	--
1931	10,556.00	--	--	--	--
1932	10,595.00	--	--	--	--
1933	10,664.00	--	--	--	--
1934	10,635.00	--	--	--	--

【單位：甲】

資料來源：

1. 新竹州編，《大正十年新竹州第一統計書》，大正 12 年（1923）出版，頁 153、158、159。

2. 新竹州編，《大正十一年新竹州第二統計書》，大正 13 年（1924）出版，頁 179、184、185。

3. 新竹州編，《大正十二年新竹州第三統計書》，大正 14 年（1925）出版，頁 168～169。

4. 新竹州編，《大正十三年新竹州第四統計書》，大正 15 年（1926）出版，頁 160、172、173。

5. 新竹州編，《大正十四年新竹州第五統計書》，昭和 2 年（1927）出版，頁 136。

6. 新竹州編，《昭和元年新竹州第六統計書》，昭和 3 年（1928）出版，頁 140。

7. 新竹州編，《昭和二年新竹州第七統計書》，昭和 4 年（1929）出版，頁 152。

8. 新竹州編，《昭和三年新竹州第八統計書》，昭和 5 年（1930）出版，頁 146。

9. 新竹州編，《昭和四年新竹州第九統計書》，昭和 6 年（1931）出版，頁 150。

10. 新竹州編，《昭和五年新竹州第十統計書》，昭和 7 年（1932）出版，頁 214。

11. 新竹州編，《昭和六年新竹州第十一統計書》，昭和 8 年（1933）出版，頁 205。

12. 新竹州編，《昭和七年新竹州第十二統計書》，昭和 9 年（1934）出版，頁 221。

13. 新竹州編，《昭和八年新竹州第十三統計書》，昭和 10 年（1935）出版，頁 217。

14. 新竹州編，《昭和九年新竹州第十四統計書》，昭和 11 年（1936）出版，頁 239。

　　據日治初期的《桃園廳志》所述，稻米是雙季田，一年二回的收穫，以一期二期區分表示。一期在春季，三月插秧，七月中旬收穫；二期在秋季，七月下旬至八月初旬插秧，十月中旬完成收穫。稻米的種類是在來粳米和糯米，兩種在一二期皆可栽種。種稻的作法是先浸種，將稻種用篩子或風車去除不好的部份，用水浸泡一天，浮在水面上的雜質也去除。再用清水洗過，放在房舍內溫暖的地方，如此反覆四五回，七日後就發芽。而後播種，在播種之前先施肥，播種後四十日有五六寸的生長，則移植至本田。整理本田，須用牛犁耕耘，將土塊細碎，引入水源，再用牛耙將土塊粉碎押平、高低均一。再行插秧，十五日過去，期間除草。又經過十二日，做第二回除草。施肥雖然依各戶農家而有不同，普通人家在插秧前施堆肥，種植後常施人畜糞尿的肥料。當一期稻收成，立刻耕鋤田面、施肥，準備二期插秧，其稻作法與一期相同。而二期稻收成後，排除水份使田地乾燥，耕鋤田地，種下蔬菜。大概來說，臺灣本島米的稻穗容易墜落，所以田面帶黃色，稻子稍盛熟，立刻著手收穫。收割稻子後，兩手握其稻束，在打穀台上敲打，其稻穀被打落至槽中。將堆積在槽中的稻穀拿出，用米籃搬運，在庭院中鋪薄，時常用米耙翻動，二三日後，即可用土製的大容器將稻米收起來貯藏。〔註 28〕上述是桃園廳種植稻米的方法，而新屋庄屬於桃園廳區域，故種稻方法應大同小異。

　　日治時期桃園地區的稻穀種類可概分為二：粳稻、糯稻。粳稻即蓬萊與在來兩種，蓬萊粒橢圓而色白潤，為輸出之上等米，極受國際米市場歡迎。

〔註28〕桃園廳編，《桃園廳志》（1906 年發行，臺北：成文出版社，1985 年），《中國方志叢書》台灣地區第 235 號，頁 112～117。

在來米則粒細長，其品質與色澤均較遜於蓬萊。糯稻包括丸糯、長糯，丸糯形橢圓，粒大而白軟，輸往日本被譽爲極優良之品質，頗受歡迎。長糯粒細長，白而堅，極少人栽種。〔註 29〕

　　日治初期至 1921 年前後，稻米的發展是以在來粳米爲中心。但隨著蓬萊種的出現，在來粳米被取代。1922 年才開始在統計上出現的蓬萊種耕作面積，忽然激增爲 31 萬甲，佔全體的 48%，使過去佔 85% 的在來粳米逐年遞減，結果降到 40% 以下，絕對面積亦由 42.3 萬甲顯著地減少到 25.6 萬甲。而生產量也表示出此種現象，曾經佔 90% 的在來粳米，至 1938 年降爲 36.7% 的水準。與此相反，蓬萊米佔全體的 54%，居臺灣米作的代表。〔註 30〕因此在生產方面有在來粳米和蓬萊米兩種，在來粳米主要是自給，而蓬萊米則是輸出。輸出的絕大部分是輸往日本，在日本佔領臺灣的最初 10 年間，輸向日本與其他地區的數量無太大差異，之後幾乎全面且急速地以日本輸出爲主。在 1938 年，米穀輸出總額約 490 萬石，蓬萊米就輸出 410 萬石，約佔 84%。〔註 31〕另，從表 2-4《臺灣移出米概況》的輸出入米同樣證明，在 1903 年之後，內地輸出也就是輸出日本，開始勝過外國輸出的數量。而不論內地輸入或外國輸入，輸入米的數量遠遠不足輸出米，代表臺灣本身是個稻米自給且能供應其他國家的地區。而李力庸《米穀流通與臺灣社會（1895～1945）》中，也提到 1900 年之前，移出日本的米大致很少，該年移出米是輸出米的 3%，而在日俄戰爭後對日本移出才有明顯上升，並超過輸出中國的交易量，到 1906 年已經是 1900 年的 8 倍多。李力庸的數據與表 2-4《臺灣移出米概況》的輸出入米是相同的。〔註 32〕

　　以上所述，皆是以全臺的統計數目來說明，以此推斷，新屋地區農業以米作爲主，其發展和臺灣總況大致相符。新屋地區的蓬萊米同樣取代在來粳米，輸出的米穀應以蓬萊米爲主，多輸往日本。

〔註 29〕桃園縣政府，《桃園縣誌》（桃園：桃園縣政府出版，1979 年），卷四，《經濟志》，（上），頁 19～20。

〔註 30〕川野重任，《日據時代臺灣米穀經濟論》，頁 53～79。

〔註 31〕川野重任，《日據時代臺灣米穀經濟論》，頁 147～156。另外，李力庸在《米穀流通與臺灣社會（1895～1945）》第 43 頁，則是「1938 年爲蓬萊米移出日本的最高峰，達 400 萬石，……」，與川野重任的數據有些微差距。

〔註 32〕李力庸，《米穀流通與臺灣社會（1895～1945）》，頁 40～41。

表 2-4 　日治時期臺灣輸出入米（1896～1906）

年　次	內地輸入	外國輸入	輸入計	內地輸出	外國輸出	輸出計
1896	--	102,750	--	--	168,343	--
1897	--	24,562	--	--	320,945	--
1898	--	108,274	--	78,598	325,933	404,531
1899	--	293,869	--	8,502	174,447	182,949
1900	39,982	18,755	58,737	13,519	330,455	343,974
1901	34,607	25,641	60,248	102,329	173,187	275,516
1902	35,236	42.962	78,198	162,273	275,137	437,410
1903	37,384	86,360	123,744	494,290	110,869	603,159
1904	20,960	104,995	125,955	415,594	232,825	648,419
1905	18,962	44,870	63,832	642,765	85,403	728,166
1906	19,288	12,504	31,792	855,604	33,815	887,419

【單位：石】

資料來源：臺灣總督府民政部殖產局，《臺灣移出米概況》（明治 40 年出版，1907 年），
　　　　　頁 80～84。表中，內地，指日本；外國，大部份指中國大陸。

五、新屋地區的租佃制度

　　與米作並行發展的，則是租佃制度。清代政府將墾戶視為開墾的領導者，在法律上保障其墾區土地的權益，以「業主」或「田主」稱呼之。墾戶上向官府報墾荒地，下招佃戶給墾，取得民間慣稱的「田面」，收取佃租，墾成後正式成為法定的業主——「業戶」；佃戶則因墾荒所出的工本，依民間慣例以及與墾戶在「給佃批」（租佃契約書）上的約定，取得「田底」，得以墾種水田。此種土地佃租習慣，於乾隆年間轉變為一田二主的大小租業。原向墾戶給墾荒地、取得田底的佃戶，在土地利用獲得改善，從粗放漸趨密集後，開始將墾成的田園分租出去。為求與佃戶的名稱有所區分，佃戶所招之佃人又別稱為「現耕佃人」，或「現耕」。佃戶因為收取小租，名稱轉變成「小租戶」。相對於小租，原先佃戶繳納業戶的田面租轉被稱為大租，業戶也被稱為「大租戶」。小租戶由於直接掌握土地利用、收益與處分實權，逐漸成為實際的支配者。相對的，原本擁有官方承認之業主權的大租戶，卻因作收租金而不事經營，與土地日益分離。順應臺灣土地租佃制度演變的趨勢，日本政府透過土地制度與相關稅制的改革，取消日漸沒落的大租權，而

確立眞正的土地經營者——小租戶——爲業主，並引用現代私有產權的法規
保障其「自由而絕對」的土地所有權。〔註33〕日治時期小租戶爲眞正的地
主，所擁有之田地可能自己耕作，或全部土地租給佃人，亦或一部份自作，
另一部份出租。1921 年《新竹州第一統計書》，新屋庄農業耕作者人數，自
作者有 2965 人，自作兼小作有 1127 人，小作者有 5432 人。〔註34〕可看出
當時新屋庄的佃人不在少數。

六、新屋地區的水利設施

　　種植稻米必須有充足的水源，當境內河流無法供應農業耕作所需，就要
仰賴降雨。如果降雨不足，農作就會面臨危機。因此，除雨水外，水圳的修
築與埤塘的開發，成爲維持供水的重要工具。新屋地區在清代建築的水利設
施包括三七圳、水碓圳、後湖埤、大牛欄新埤、後湖新埤、大陂大圳、十五
間尾公埤、後面埤、蚵殼港圳，除十五間尾公埤引十五間溪水外，其餘各圳
均引社子溪之水。〔註35〕至日治時期，總督府一開始先著手舊埤圳調查，
1901 年重要埤圳劃爲公共埤圳。1908 年，總督府以律令第四號頒佈〈官設
埤圳規則〉，凡是大規模的水利工程，以及地方人民不勝負擔者皆由官方經
營。其中桃園大圳是重要的官設埤圳，也是本地區重要的水利設施。桃園大
圳自大正 5 年（1916）開工，大正 13 年（1924）完成隧道、明渠、幹線、
支線、蓄水池進水路等工程，即行開始放水。昭和 3 年（1928），蓄水池之
建築，改良及蓄水池間之分水路等工程亦告竣工，工程之完工，前後歷時達
13 年，建築費用計日圓 1248 萬 6343 圓之多。大圳導水灌溉海拔一百一十
公尺以下，面積約二萬二千公頃的耕地，區域涵蓋桃園市、大溪、八德、龜
山、蘆竹、大園、中壢、觀音、新屋、楊梅等共十鄉鎮的農田。桃園大圳通
水後，如表 2-5 所示，使本區的水田增加 21%，而旱田減少 50%，讓新屋地
區農業稻作更加蓬勃發展。〔註36〕

〔註33〕柯志明，《米糖相剋：日本殖民主義下臺灣的發展與從屬》，頁 40～51。
〔註34〕新竹州編，《大正十年新竹州第一統計書》（大正 12 年出版，1923 年），表 60，
　　　　頁 148～149。
〔註35〕尹章義編，《新屋鄉志》，頁 86～97。
〔註36〕李彥霖，〈埤塘到大圳——桃園臺地水利變遷（1683～1945）〉（臺北：東吳大
　　　　學歷史研究所碩士論文，2004 年），頁 153～196。桃園縣政府，《桃園縣誌》，
　　　　頁 132～156。

表 2-5　桃園大圳通水後水旱田增減情形

	1921 年	1925 年	1930 年	1921～30 年增減面積	1921～30 年增減率
水田	4543	4946	5478	935	21%
旱田	1035	646	517	-518	-50%

資料來源：李彥霖，〈埤塘到大圳-桃園臺地水利變遷（1683-1945）〉（臺北：東吳大學歷史研究所碩士論文，2004 年），頁 185，表 5-17。

七、戰後新屋地區的稻米生產

　　民國 34 年（1945），新屋庄改稱為新屋鄉，境內的大部分人口依然以務農為主。從表 2-6 可看出，1956 至 1976 年新屋鄉水稻種植面積與產量維持一定的數值並持續增加。〔註37〕

　　自拓墾以來，至光復後，新屋鄉是典型的農業鄉，以生產糧食作物，也就是稻米為主，而稻米產量常為桃園縣之冠，除自食之外，也是市場流通銷售的主要商品，稻米實為新屋鄉農業大宗。〔註38〕

表 2-6　新屋鄉歷年水稻種植面積與產量統計表（1956～1976）

年　　度	種植面積（公頃）	產　量（公噸）
1956	10,366.81	24,640
1961	10,301.72	28,448
1966	10,692.68	34,662
1971	10,820.20	36,655
1976	10,885.64	40,007

資料來源：尹章義編，《新屋鄉志》，表 7-1-3，頁 400。

〔註37〕尹章義編，《新屋鄉志》，頁 398～400。
〔註38〕尹章義編，《新屋鄉志》，頁 399。

第三章 《新屋鄉葉氏嘗簿》中的米價趨勢分析

第一節 《新屋鄉葉氏嘗簿》的書寫

　　帳簿，是公、私單位或個人紀錄其財產增減變化，或對於這種增減變化加以計算、整理的記錄冊。中國於唐、宋年間因商業發達，各種記帳的規則與基本的結構逐漸形成。至明、清時期，各種專業而形式、功能不一的帳簿亦相繼出現。當漢人移民來臺時，原本所熟悉的帳簿與記帳方法延續使用，即使到了日治時期，仍然普遍盛行於民間。〔註1〕

　　利用帳簿記錄交易往來的通常是店家，商人皆有數種帳簿，種類甚多。大致上由三種類型的帳簿所組成，即草清簿、日清簿和總簿。草清簿由買賣人員隨手登錄，按照日期記載商品名稱、數量、金額及各項費用，並於每月底結帳。「去」與「來」各據帳簿頁面上、下欄，亦有相反記載的帳簿，主要以詳備為原則，若他日發生錯誤時可以核查。為求記載方便迅速，記載往往較為潦草且會加以塗改。日清簿的形式與草清簿相同，「去」與「來」各據帳簿頁面上、下欄，按照日期記載商品名稱、數量、金額及各項費用，每月底結帳。兩者不同在於草清簿出於各店舖夥計之手，日清簿則由掌櫃、家長或營業主一人掌理，正本日清簿絕少塗改，出入分明。總簿則依據日清簿所記內容，以來往顧客的商號、人名或各式交易物名加以分戶整理核算。先將其

〔註1〕 曾品滄，〈臺灣舊式帳簿的搜集與運用〉，頁471～472。

戶頭名號分別寫在各頁頁頭，其下再將日清簿中該顧客往來交易動態轉抄於此，至每年年終時，再加以結算。轉抄時，在日清簿上欄的部份即抄入總簿上欄，日清簿下欄的部份抄入總簿下欄，即日清簿上、下欄「去」與「來」，抄入總簿則為「出」與「入」。決算時只要將上下兩欄相扣除即可，盈餘時記「扣除在金 XX 元」，虧損記「扣除缺金 XX 元」。〔註2〕

除此之外，臺灣地區現存帳簿較常見者應屬於完租簿與浮簿。完租簿是業主登錄收納租金及收受磧地銀的帳簿，有時也稱為租佃簿、耕佃簿，以佃戶名稱為戶頭，其下記載租田面積、磧地銀多寡後再依序記錄每年收租狀況，因每年田租皆分早晚兩季繳納，一年度的紀錄往往只有兩筆。浮簿是專門紀錄無法兌現的賒賣欠帳。每年日清簿轉記總簿時，將無法兌現的賒帳轉記於此。〔註3〕

而本論文所使用的史料，屬於哪一類呢？首先，史料於 2006 年 9 月 29 日由新屋鄉鄉長葉佐禹所提供，是葉家祖先的遺物。表皮是粗麻藍色布面，整體來看，本書保存良好，少有蟲蛀痕跡。現存 149 頁，每頁分上下欄，以直式書寫。上欄為「開」即支出，下欄為「收」即收入，支出與收入分別整理核算後，再相扣除，每年皆有盈餘，寫成「對扣除外仍長存金 XX 元」。記錄時間從明治 34 年至昭和 18 年（1901～1943），共計 43 年，常於每年的 8 月 13 日結算。由上述可知，葉家史料是帳簿資料，但筆法工整清晰，並非字跡潦草且多塗改的草清簿。葉家帳簿大部分資料並沒有記錄日期，因此也不是按照日期記載的日清簿。似可分類為總簿，同樣有整理收入、支出，並計算盈餘、虧損。也似可歸類為完租簿，因葉家帳簿中有收納地租金及磧地銀的訊息。

但再仔細翻閱葉家帳簿後，發現不論是地租、物品、祝賀或奠儀金、辛金等，都是保持祠堂運作正常以及照料祠堂成員所需要的收支內容。如圖 3-1 大正 13、14 年（1924～1925）資料，大正十三年「開東勢祖堂前地租金」、「東勢本年六付牲醴金」、「管理人辛勞谷」和大正十四年「東勢祖堂修理瓦去金」等。因此，葉家帳簿是以祠堂烝嘗為主體來記錄，故將此本帳簿取名為《新屋鄉葉氏嘗簿》。

〔註2〕 曾品滄，〈臺灣舊式帳簿的搜集與運用〉，頁 475～477。
〔註3〕 曾品滄，〈臺灣舊式帳簿的搜集與運用〉，頁 477～478。

價值通用之銀行券。藉此把壹圓銀貨與銀券收回，而使臺灣各種特殊通貨統一為「金券」一種。1903 年進口粗銀需課稅，1908 年完全禁止進口粗銀。壹圓銀貨，不論有無蓋印，1908 年不得用於公納，1909 年兌換截止。臺灣銀行券（銀券）也同樣至 1909 年兌換截止。到 1910 年，臺灣的幣制整理已完成，成為與日本同樣的「金本位制」地區。

　　蘇震所著〈光復前臺灣貨幣制度之演變〉採用了北山的觀點，將日治時期臺灣的幣制政策分為三階段來說明。〔註9〕另外，袁穎生也認為北山所作論述，允屬適當，故《臺灣光復前貨幣史述》第七章有關日治時期的貨幣的部份多所引用。〔註10〕

　　日本當局及日人在貨幣單位上，使用「圓、錢、厘」，臺灣人依然以「元、角、點、文」計算，也就是日政府及日人一方係使用圓票券制，臺灣人一方則採用元以下之秤量制。對於需要依照時價而變動價格的圓銀，臺灣人將之視為銀塊的一種，而臺灣銀行券則是與南中國各錢莊所發行之銀交換證視為一物。因此當時雖然圓銀及日本輔助貨幣之增加，漸使其他銀貨減少，但粗銀及其他外國銀貨尚未絕跡。能將圓銀、臺灣銀行兌換券和輔助貨幣納入臺灣複雜的貨幣體制，主要是因為臺灣人把「圓」視同與本來之「元」為同類之物後才接受的。直到 1930 年代，臺灣人不管是使用臺灣銀行券也好，輔助貨幣也好，依然稱價格標準（貨幣額）之壹圓為「一元銀」，把百圓稱為「一百元銀」，文字上的「圓」和「元」似乎是互相通用的。〔註11〕北山的論述誠為可信，只是在貨幣單位上，臺灣人以「元、角、點、文」作為計算的秤量制，似有可疑之處。從清代流傳下來的貨幣有秤量銀和計數銀兩種，「元」應屬計數銀的單位，北山可能將兩種混為一類；或是因銀元仍需以成色、重量等來估其值，因而將之一律視為秤量制。

　　這一種現象從《新屋鄉葉氏嘗簿》中可以驗證，如表 3-2 所見，為筆者整理《新屋鄉葉氏嘗簿》中使用的貨幣單位，「元、角」是清朝遺留的秤量制，而「圓（員、円）、錢、厘」則是日本政府與日本人的標準單位。從明治 34 年至昭和 18 年間（1901～1943），兩種計量單位並沒有明顯的分界，「元」、「圓」皆有。嘗簿中各款項多以「元、角」為單位，而總金額則以「圓（員、円）、

〔註9〕　蘇震，〈光復前臺灣貨幣制度之演變〉，《臺灣經濟史初集》（臺北：臺灣銀行經濟研究室，1945 年），臺灣研究叢刊第 25 種，頁 4～15。
〔註10〕　袁穎生，《臺灣光復前貨幣史述》，頁 143～194。
〔註11〕　北山富久二郎，〈日據時代臺灣之幣制政策〉，頁 91～144。

錢、厘」書寫，其各款項之加總與總金額無誤。

表 3-2　《新屋鄉葉氏嘗簿》貨幣單位

日　治　年	計　量　單　位	備　　　註
明治 34 年（1901）	元、圓、円	
明治 35～40 年（1902～1907）	元、角	明治 37 年有「龍銀」 明治 39 年有「蓋印銀」
明治 41～43 年（1908～1910）	元、角	
明治 44 年～昭和 18 年（1911～1943）	元、角、円、圓、員、錢、厘	

資料來源：《新屋鄉葉氏嘗簿》

　　因此，在界定實際上使用的貨幣單位時，參考了北山富久二郎、蘇震和袁穎生的著作，認為儘管臺灣人把「元」、「圓」混淆，但在日本統治底下，從過渡時期至金本位時期，不論是日幣圓銀的壹圓、臺灣銀行券的壹圓、粗銀一元或金壹圓，甚或外國貨幣計數銀的一元，其實都是以一個一個的「圓」單位作為計算。因此，本篇論文計算價格的單位是「圓」，可暫視之為「日幣圓」。

第二節　米價數列及其長期趨勢

　　《新屋鄉葉氏嘗簿》中有關米穀數量和米穀金額的資料眾多，共有 197 筆可用數據。筆者先把有米穀數量與米穀金額的資料按照西元年列成表格，將米穀單位統一換成「米石」，接著金額÷數量＝單位價格（銀圓/石）。於是每一年多筆單位價格再平均，算出年平均米價。西元 1901 至 1943 年的年平均米價中，缺少 1936 和 1938 年的數值，故利用內插法補遺漏值，以方便接下來的繪圖。

　　筆者首先檢驗是否因為米穀的不同用途，讓米價也有不同的差異。先將《新屋鄉葉氏嘗簿》的米穀分類為地租米、利息米、工資米、祭祝米、香油米。除利息米的數據太少，無法看出曲線，其他則以西元年和年平均米價的資料列成表，如表 3-3 地租類米價、表 3-4 工資類米價、表 3-5 祭祝類米價和表 3-6 香油類米價。再繪製成折線圖，則如圖 3-2、3-3、3-4 和 3-5。圖 3-2 是地租米價格變動圖，利用內插法補 1902、1915、1931、1933、1936、1938 年

數值。圖 3-3 是工資米價格變動圖,利用內插法補 1902、1909、1923 年數值。
圖 3-4 是祭祝米價格變動圖,利用內插法補 1902、1907、1911、1915 年數值。
圖 3-5 是香油米價格變動圖,利用內插、外推法補 1924、1929、1931、1932、
1934 年數值。

表 3-3　日治時期新屋地區地租類米價(1901～1943)

西元年	年平均米價	西元年	年平均米價
1901	4.26	1923	9.90
1902	4.94	1924	12.60
1903	5.61	1925	16.64
1904	5.01	1926	14.24
1905	4.43	1927	10.80
1906	5.78	1928	11.60
1907	7.13	1929	10.80
1908	5.50	1930	7.40
1909	4.40	1931	8.83
1910	6.00	1932	10.27
1911	7.37	1933	10.33
1912	8.15	1934	10.40
1913	5.86	1935	13.60
1914	6.59	1936	12.80
1915	6.10	1937	12.00
1916	5.60	1938	14.76
1917	8.92	1939	17.52
1918	13.20	1940	21.15
1919	19.70	1941	20.73
1920	9.60	1942	22.26
1921	9.80	1943	22.49
1922	8.00		

【單位:圓/米石】

資料來源:《新屋鄉葉氏嘗簿》

圖 3-2　日治時期新屋地區地租米價格變動圖（1901～1943）

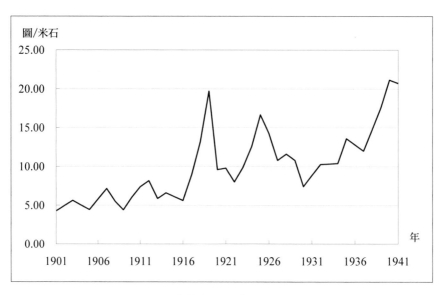

資料來源：表 3-3

表 3-4　日治時期新屋地區工資類米價（1901～1935）

西元年	年平均米價	西元年	年平均米價
1901	4.99	1919	20.00
1902	5.30	1920	9.60
1903	5.60	1921	9.80
1904	5.20	1922	8.00
1905	4.40	1923	10.30
1906	5.80	1924	12.60
1907	7.20	1925	16.40
1908	5.60	1926	14.20
1909	5.80	1927	10.80
1910	6.00	1928	11.60
1911	7.80	1929	10.80
1912	8.40	1930	7.40
1913	6.00	1931	6.00
1914	6.80	1932	8.80
1915	7.20	1933	8.40
1916	5.60	1934	10.40

1917	9.00	1935	13.60
1918	13.20		

【單位：圓/米石】

資料來源：《新屋鄉葉氏嘗簿》

圖 3-3　日治時期新屋地區工資米價格變動圖（1901～1935）

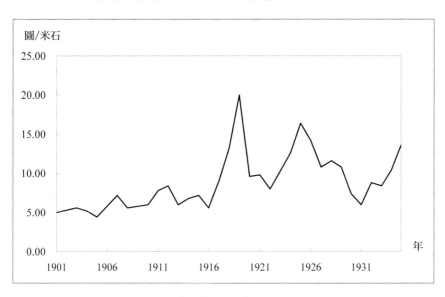

資料來源：表 3-4

表 3-5　日治時期新屋地區祭祀類米價（1901～1917）

西元年	年平均米價	西元年	年平均米價
1901	4.89	1910	6.00
1902	5.26	1911	7.20
1903	5.63	1912	8.40
1904	4.90	1913	6.00
1905	4.40	1914	6.80
1906	5.80	1915	6.03
1907	5.70	1916	5.25
1908	5.60	1917	5.60
1909	5.20		

【單位：圓/米石】

資料來源：《新屋鄉葉氏嘗簿》

圖 3-4　日治時期新屋地區祭祝米價格變動圖（1901～1917）

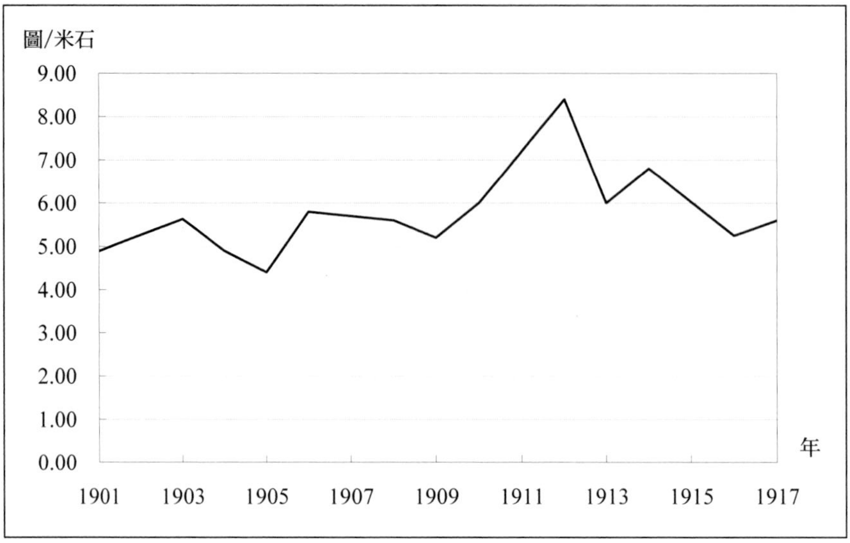

資料來源：表 3-5

表 3-6　日治時期新屋地區香油類米價（1921～1935）

西元年	年平均米價	西元年	年平均米價
1921	9.80	1929	9.50
1922	8.00	1930	7.40
1923	10.12	1931	5.30
1924	13.26	1932	6.95
1925	16.40	1933	8.60
1926	14.20	1934	7.10
1927	10.80	1935	5.60
1928	11.60		

【單位：圓/米石】

資料來源：《新屋鄉葉氏嘗簿》

圖 3-5　日治時期新屋地區香油米價格變動圖（1921～1935）

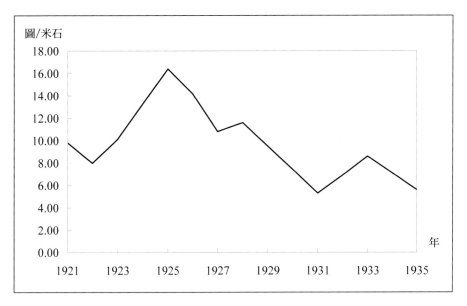

資料來源：表 3-6

　　由圖 3-2～圖 3-5 的價格變動，可看出各類米價高峰點相同，如 1919 及 1925 年的年平均米價，且四者的折線圖波動趨勢實際上甚為相似，可知道價格並沒有因其支出用途不同而有太大的差異。因此，筆者認為可以整合四類米價計算年平均價格，做出如下折線圖（見圖 3-6），做更進一步的分析。觀察此一數列，筆者先將此數列分為三期，第一期 1901～1916 年為米價平穩期、第二期 1917～1931 年為米價劇烈波動期、第三期 1932～1943 年是米價飆升期。第一期米價平穩期，1901～1916 年間最高數值為 1912 年 8.30 圓，最低數值為 1905 年 4.41 圓，兩者相差不到 5 圓，因此此時期米價維持著穩定的數值。到了第二期米價劇烈波動期，米價數值的高低變化較大，最高值為 1919 年 19.80 圓，次高為 1925 年 16.50 圓，最低值則是 1931 年 6.00 圓，高低相差到達 10 圓以上，因此是米價劇烈變化時期。第三期米價飆升期，從 1933 年開始，米價數值逐年上升，升高的幅度越來越大，直到 1943 年達到最高數值 24.49 圓。

　　其次，可以用長期趨勢來看米價長時間的變化方向。此處統計資料為西元 1901 至 1943 年，共計 43 筆。以年資料求直線長期趨勢，方程式為：$T = a + bt$ 所示，其中 T 即趨勢值，a 為截距，b 為斜率，t 為時間。經計算，截距 a

＝10.37，斜率 b＝0.31，表示 1901～1943 年間，米價的平均價格為 10.37 圓，每年平均以＋0.31 圓的幅度增加，43 年間的趨勢為正增長。此處的計算結果，趨勢值如表 3-7 所示，米價長期趨勢則詳見圖 3-7。從圖 3-7 可看出米價的長期趨勢是隨著時間向上增長。

表 3-7　日治時期新屋地區米價及長期趨勢表

年	價　格	趨勢值	年	價　格	趨勢值
1901	4.86	3.86	1923	9.97	10.70
1902	5.20	4.17	1924	12.60	11.01
1903	5.61	4.48	1925	16.50	11.33
1904	5.06	4.79	1926	14.22	11.64
1905	4.41	5.11	1927	10.80	11.95
1906	5.78	5.42	1928	11.60	12.26
1907	7.16	5.73	1929	10.80	12.57
1908	5.57	6.04	1930	7.40	12.88
1909	4.72	6.35	1931	6.00	13.19
1910	6.00	6.66	1932	9.90	13.50
1911	7.59	6.97	1933	8.53	13.81
1912	8.30	7.28	1934	10.40	14.12
1913	5.92	7.59	1935	11.36	14.44
1914	6.72	7.90	1936	11.68	14.75
1915	7.20	8.22	1937	12.00	15.06
1916	5.51	8.53	1938	14.76	15.37
1917	8.29	8.84	1939	17.52	15.68
1918	13.13	9.15	1940	21.15	15.99
1919	19.80	9.46	1941	20.73	16.30
1920	9.60	9.77	1942	22.26	16.61
1921	9.80	10.08	1943	22.49	16.92
1922	8.00	10.39			

【單位：圓/米石】

資料來源：整理於《新屋鄉葉氏嘗簿》

圖 3-6　日治時期新屋地區米價變動圖（1901～1943）

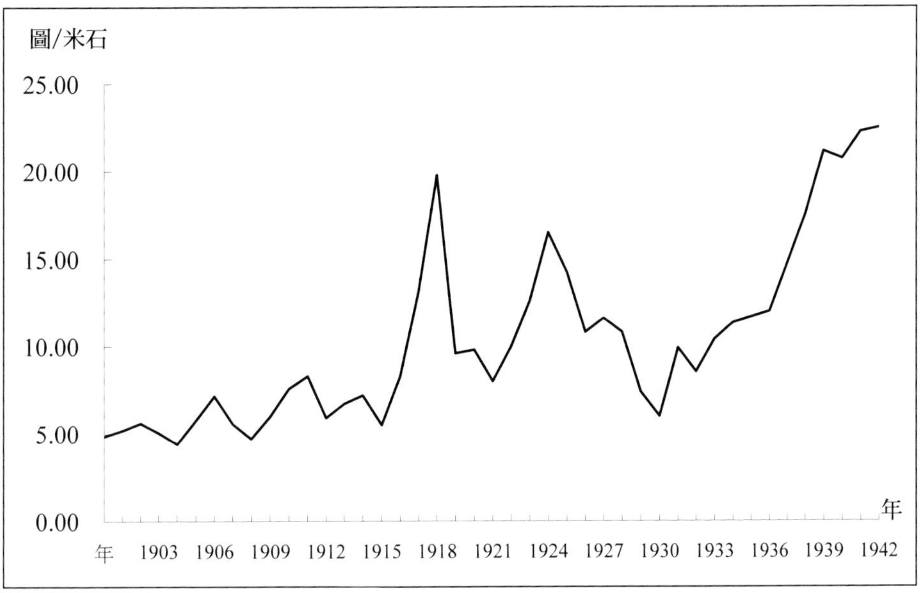

資料來源：表 3-7

圖 3-7　日治時期新屋地區米價及長期趨勢（1901～1943）

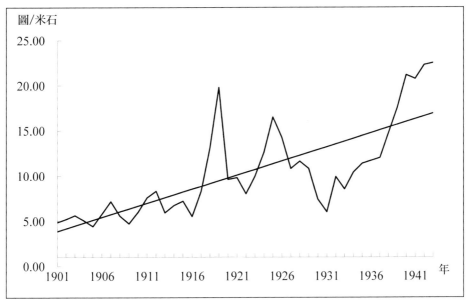

資料來源：表 3-7

　　再由年平均價格算出每十年的移動平均，如表 3-8。從圖 3-8 米價十年移動平均來看，則明顯地發現，雖然米價在短期內仍有小幅度的起伏，但整體43 年間呈現向上升高趨勢極爲顯著，尤其是第三期（1932～1943）的變動令人注目。

表 3-8　日治時期新屋地區米價十年移動平均

年	10 年移動平均	年	10 年移動平均
1906	5.33	1923	12.44
1907	5.61	1924	12.29
1908	6.02	1925	11.39
1909	6.05	1926	11.17
1910	6.22	1927	10.79
1911	6.49	1928	10.98
1912	6.47	1929	10.83
1913	6.58	1930	10.61
1914	7.34	1931	10.10
1915	8.85	1932	9.85
1916	9.21	1933	9.97
1917	9.43	1934	10.28
1918	9.40	1935	10.96
1919	9.80	1936	12.33
1920	10.39	1937	13.80
1921	11.32	1938	15.04
1922	12.19	1939	16.43

資料來源：整理於《新屋鄉葉氏嘗簿》

圖3-8　日治時期新屋地區米價十年移動平均

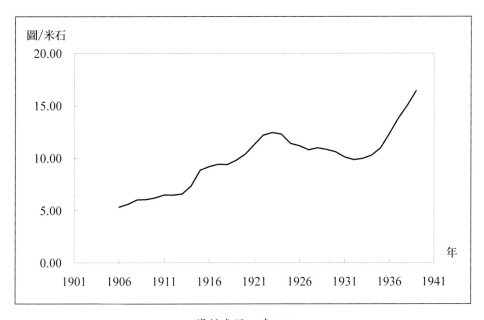

資料來源：表3-8

　　再次，圖3-6可見米價極端值出現在西元1919、1925年，以及1940年代。相關影響的因素很多，包括米穀輸出政策、水利設施、人口增減、耕地增減、貨幣兌換、天災、人禍等，皆會影響價格，但此處單就自然災害的影響來說明圖 3-7 中極端值產生時間是否相符。桃園地區水稻生長季節如表3-9，分為兩期，第一期作1月播種、2～3月插秧、6～7月收穫；第二期作6月播種、6～7月插秧、10～11月收穫。〔註12〕生長季節中若有災害，則對於收穫將有影響，收穫減少，投入市場中的米穀數量必然減少，相對地價格就提高。西元1919年7～8月有3場暴風雨及地震，西元1925年4、6月有水災，7～9月有4場暴風雨及蟲害，接著9～12月都有旱災。而1939至1942年四年間，即有12場暴風雨、4場風災、10場水災和3場旱災。〔註13〕米價雖屬地區性，但也與全臺災害情形亦步亦趨。

〔註12〕臺灣省行政長官公署統計室編，《臺灣省五十一年來統計提要（1894～1945）》（臺北：台灣省行政長官公署統計室，1946），表202。

〔註13〕臺灣省行政長官公署統計室編，《臺灣省五十一年來統計提要（1894～1945）》，表216。

表 3-9　日治時期桃園地區水稻栽培季節

期　　作	工　作　別	月　　　　份
第一期作	播　　種	1
	插　　秧	2～3
	收　　穫	6～7
第二期作	播　　種	6
	插　　秧	6～7
	收　　穫	10～11

資料來源：臺灣省行政長官公署統計室編，《臺灣省五十一年來統計提要（1894～
　　　　　1945)》（臺北：台灣省行政長官公署統計室，1946)，表 216。

　　　　再以 1925 年作爲基期，算出全臺水稻受災面積指數，〔註14〕由表 3-10
發現 1919、1920、1925、1926、1933、1938、1940、1941、1942 年指數數
值高於 100，可知這些年份的農業災害嚴重。而《新屋鄉葉氏嘗簿》米價極
端值出現在西元 1919、1925 年，以及 1940 年代，與全臺水稻受災的變化一
致，或也表示此地在前述各災害年期間，其稻作可能亦受到相當程度的影
響，使得米價攀升。影響米價變動的因素包括本地的人口、耕地、米穀進出
口流通量、貨幣數量及價格變動、自然天災、人禍（政治社會事件、戰爭、
與價格有關的制度設計）和外部因素（世界經濟）等，其中自然天災、人禍
（政治社會事件、戰爭、與價格有關的制度設計）主要對米價的季節變動、
環環變動、單一年度或短期數年的變動起作用，其餘因素則對長期趨勢變動
產生影響。此處幾個極端年價格的變動，應從天災和人禍方面考量，筆者著
重自然天災因素的關聯。由全臺各年水稻受災面積，可知《新屋鄉葉氏嘗
簿》所出現的米價極端值應受自然災害影響。但從表 3-10 全臺水稻受災面
積指數表中，也有水稻受災面積高的年份卻在《新屋鄉葉氏嘗簿》中米價並
非極端值，代表其餘各年的米價並不一定受自然災害影響，可能是其他因素
導致。

────────────

〔註14〕臺灣省行政長官公署統計室編，《臺灣省五十一年來統計提要（1894～
　　　　1945)》，表 217。

表3-10 日治時期全臺水稻受災面積指數表

時　　　間	受災面積（公頃）	指　　數
民國　八　　年（1919）	107550.5	167
九　　年（1920）	64530.7	100
十　　年（1921）	23891.1	37
十 一 年（1922）	33259.5	52
十 二 年（1923）	70598.5	109
十 三 年（1924）	48243.8	75
十 四 年（1925）	64527.8	100
十 五 年（1926）	83655.6	130
十 六 年（1927）	20328.6	32
十 七 年（1928）	44933.5	70
十 八 年（1929）	59242.7	92
十 九 年（1930）	17774.8	28
二 十 年（1931）	19401.3	30
二十一年（1932）	47745.3	74
二十二年（1933）	102625.3	159
二十三年（1934）	62570.5	97
二十四年（1935）	52008.1	81
二十五年（1936）	13637.1	21
二十六年（1937）	112771.6	175
二十七年（1938）	14303.4	22
二十八年（1939）	61721.8	96
二十九年（1940）	417444.8	647
三 十 年（1941）	139328.0	216
三十一年（1942）	248322.8	385

說明：時間採用民國記年，乃因《臺灣省五十一年來統計提要（1894～1945）》原以
　　　民國記錄時間，因此本表不更改為日治年份。

資料來源：臺灣省行政長官公署統計室編，《臺灣省五十一年來統計提要（1894～
　　　　　1945）》（臺北：台灣省行政長官公署統計室，1946），表217。

　　另外，將新屋地區米價數列與同時期官方資料相對照，是否也有類似的
米價變動出現呢？首先，從吳育臻所著〈臺灣糖業「米糖相剋」問題的空間

差異（1895～1954）〉整理出 1905 至 1936 年臺灣的米價變遷來看，如圖 3-9。
吳氏的資料來源是《臺灣米穀要覽》與《移出米概況》的官方數據，以在來
粳米和蓬萊米的平均市場價格爲資料繪製成圖。〔註 15〕因吳氏的米穀單位爲
百斤，與本文的米價單位不同，所以僅能直觀式的比較兩者。若將圖 3-9 也分
爲三期，觀察其米價變動情形，可發現第一期 1905～1916 年米價起伏較小，
第二期 1917～1931 年米價有劇烈波動，第三期 1932 之後，米價則是呈現持
續升高走勢。從這三期的分析，可了解吳氏的臺灣的米價變遷圖與本文的米
價長期趨勢圖，變動是非常一致，甚至兩者都在 1919、1925 年出現米價極端
值，1931 年則同樣是米價極低點。

　　柯志明的《米糖相剋：日本殖民主義下臺灣的發展與從屬》中列出有關
日治時期基隆碼頭蓬萊米價格，其資料來源是官方的《米穀要覽》。筆者先將
米價單位由百斤換算成一石，〔註 16〕接著，1927 至 1938 年的基隆港出口米價
與《新屋鄉葉氏嘗簿》的產地米價繪製成圖 3-10，做一比較。〔註 17〕從圖中
可以發現，自 1927 年兩者米價開始下降，1931 年皆爲米價極低數值，而 1932
年以後兩者米價皆向上成長。兩者的米價變動也是非常一致，亦步亦趨。此
外，兩者之間有明顯的價位差，《新屋鄉葉氏嘗簿》的米價較低，柯氏的官方
米價價格較高，在米穀產地的新屋鄉米價低於出口的基隆港米價正是合理的
現象。

　　而吳聰敏從《總督府統計書》和臺灣銀行的米價調查，畫出自 1896 至 1941
年各種米價的比較，包括臺灣銀行的米價數值、臺中白米零售、臺中糙米卸
賣（批發）、糙米產地價格。〔註 18〕如圖 3-11 所示，第一期 1896～1916 年起
伏不大，第二期 1917～1931 年米價劇烈波動，第三期 1932 之後則是數值向
上成長，三個時期米價的變化與《新屋鄉葉氏嘗簿》的變動類似。由上述比
較圖 3-9、圖 3-10 和圖 3-11，三者和《新屋鄉葉氏嘗簿》的米價變動皆十分相
似，極端值出現的年份也相同，因此可以說明官方資料與《新屋鄉葉氏嘗簿》
在地史料有一致性的市場趨勢。

〔註 15〕吳育臻，〈臺灣糖業「米糖相剋」問題的空間差異（1895～1954）〉（臺北：臺
　　　　師大地理研究所博士論文，2003 年），頁 101，表 4-8。

〔註 16〕柯志明，《米糖相剋：日本殖民主義下臺灣的發展與從屬》，頁 164。表 4.1 說
　　　　明，蓬萊米 1 石（糙米）＝238 斤。

〔註 17〕柯志明，《米糖相剋：日本殖民主義下臺灣的發展與從屬》，表 4.2（2），頁 166。

〔註 18〕吳聰敏，〈臺灣農村地區之消費者物價指數：1902～1941〉，《經濟論文叢刊》，
　　　　第 33 卷第 4 期，（2005 年），頁 17。

圖 3-9 臺灣的米價變遷（1905～1936）

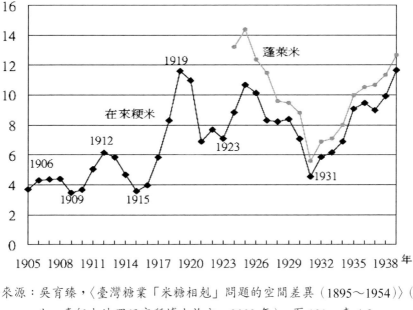

資料來源：吳育臻，〈臺灣糖業「米糖相剋」問題的空間差異（1895～1954）〉（臺
北：臺師大地理研究所博士論文，2003 年），頁 101，表 4-8。

圖 3-10 《新屋鄉葉氏嘗簿》與《米糖相剋》米價比較

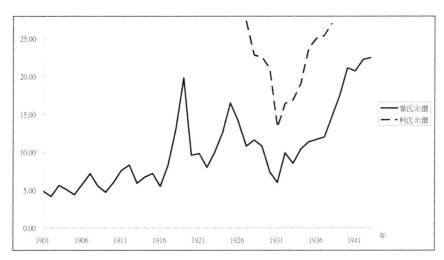

資料來源：

1. 表 3-7

2. 柯志明，《米糖相剋：日本殖民主義下臺灣的發展與從屬》，表 4.2（2），頁
   166。

圖 3-11　各種米價之比較（1896～1941）

單位：圓/日石

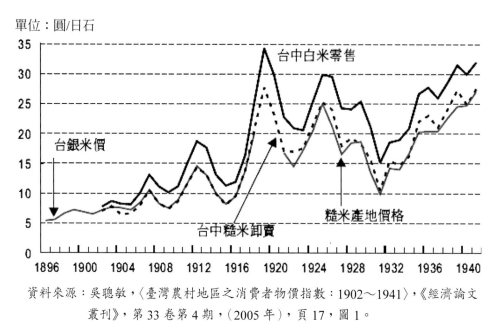

資料來源：吳聰敏，〈臺灣農村地區之消費者物價指數：1902～1941〉，《經濟論文
　　叢刊》，第 33 卷第 4 期，（2005 年），頁 17，圖 1。

第四章 結 論

　　近年來史學界十分重視古文書的搜集整理與解讀分析，利用古文書中的契約對臺灣地方區域史的研究有極大的助益。古文書除了文字契約的部份，亦有數據帳簿的發現。契約史料方面已有多位學者研究，相對地數據史料卻因資料不全或處理不易，而少有探討。若能得到資料完整且時間連續的一手史料，相信對於了解物價史是最好的素材。筆者有幸取得如此珍貴的數據史料——《新屋鄉葉氏嘗簿》，並試圖從嘗簿中摘取穀價數據，建立一個米價數列及分析其長期趨勢，由此探索日治時期北部地方米價。

　　日治時期新屋地區是以種植稻米爲主。稻米的種類是在來粳米和糯米，兩種在一二期皆可栽種。一期在春季，三月插秧，七月中旬收穫；二期在秋季，七月下旬至八月初旬插秧，十月中旬完成收穫。日治初期至 1921 年，稻米的發展是以在來粳米爲中心。但隨著蓬萊種的出現，在來粳米被取代。兩種米的用途不同，在來粳米主要自給，而蓬萊米則輸出，輸出地區以日本爲主。從清代以來，新屋地區的開墾者以來自廣東的移民居多，包括惠州、嘉應州、潮州等地。到 1920 年代仍是客家人多於福佬人，可知新屋開墾的主力應是以客家人爲主。而新屋地區的水圳埤塘造就此地處處稻田，尤以日治時期的桃園大圳爲最。桃園大圳通水後，使水田增加 21%，稻作因而蓬勃發展，新屋鄉成爲北部重要的稻米產地。

　　《新屋鄉葉氏嘗簿》以新屋鄉葉家祠堂烝嘗爲主體，記錄祠堂的收支概況。記錄時間從明治 34 年至昭和 18 年（1901～1943），共計 43 年，常於每年的 8 月 13 日結算，以蘇州數碼書寫嘗簿的數字，度量衡單位則是以斤、斗、石爲計。至於嘗簿中的貨幣單位，自日本開始治理臺灣時，清朝的各種貨幣

仍然流通於市面，包括秤量銀和計數銀、銅錢。至 1910 年，臺灣的幣制整理已完成，成為與日本同樣的「金本位制」地區。在界定實際上使用的貨幣單位時，不論是日幣圓銀的壹圓、臺灣銀行券的壹圓、粗銀一元或金壹圓，甚或外國貨幣計數銀的一元，其實都是以「圓」單位作為計算。而嘗簿收支中米穀記錄所佔的比例相當高，筆者即以米價作為研究的方向。

根據《新屋鄉葉氏嘗簿》米價數據變動，可分為三種不同分期：第一期為米價平穩期，1901～1916 年間最高數值為 1912 年 8.30 圓，最低數值為 1905 年 4.41 圓，兩者相差不到 5 圓，此時期米價維持著穩定的數值。第二期 1917～1931 年為米價劇烈波動期，米價數值的高低變化較大，最高值為 1919 年 19.80 圓，次高為 1925 年 16.50 圓，1931 年則降下 6.00 圓低點，高低相差到達 10 圓以上。第三期 1932～1943 年是米價飆升期，從 1933 年開始，米價數值逐年上升，升高的幅度越來越大，直到 1943 年達到最高數值 24.49 圓。利用長期趨勢法及十年移動平均法來看米價於長時間的變化，嘗簿記載米價的趨勢及移動是向上增長，而米價極端值出現在西元 1919、1925 年，以及 1940 年代。米價極端值出現的那幾年正好與全臺水稻受災的變化相符，表示米價會受災害影響，因而攀升。

《新屋鄉葉氏嘗簿》的米價數值是民間、產地的價格，而由官方的米價數據反映出的變動又是如何呢？以官方數據資料研究的文章包括吳育臻的〈臺灣糖業「米糖相剋」問題的空間差異（1895～1954）〉、柯志明的《米糖相剋：日本殖民主義下臺灣的發展與從屬》和吳聰敏的〈臺灣農村地區之消費者物價指數：1902～1941〉，將此三篇文章的米價變動與本文做比較，發現變動的曲線幾乎一致，且極端值的年份相同，1932 年以後兩者米價皆向上成長，証明民間與官方的米價變動有其關聯性。

影響米價上升或下降的因素眾多，如人口、耕地、資金、技術、政策、自然災害、收成、貨幣流通、米進出口量……等，本文並未涉及這些範疇，因此尚有欠缺之處，需留待後人或資料充足時再行討論。

目前學界有關日治時期米穀的研究課題，主要從三個方面著手，據本文第一章第二節，其一是米糖相剋，如柯志明討論米糖部門間的關係，進而探討在殖民發展過程中階級的矛盾。其次是米作與產銷制度（含倉儲制度），如李力庸討論米穀生產、商人、社會與國家之間的關係，或是農會的形成、組織及運作等制度層面問題。再則，經濟學者則將米價視為物價的指標，研究

多以物價指數來計算，如吳聰敏重新編製臺灣農村地區之消費者物價指數；而葉淑貞、俞可倩則重新估算臺灣對日進出口物價指數。

　　不同於上述學者使用的是官方統計資料，本文使用最基層的數據史料，進行基礎研究，從難得的帳簿史料的解讀，繼而建立米價數列，此為一般人極少碰觸且較不願花費功夫的範疇。因此，本文以新出土史料為主所做的基礎研究，可提供後來學者研究地方糧食市場區。亦即，一般皆稱日治初期的縱貫鐵路完成後，臺灣實現了一個全島整合的市場區，但進一步實證的論文似乎還有待開展。本文建立的北部地方米價數列，可在這方面提供後來者以米價驗證全島性市場整合程度的研究。

徵引書目

一、史　料

1. 《新屋鄉葉氏嘗簿》，原件爲新屋鄉葉佐禹鄉長收藏。

2. 《清乾隆朝臺灣輿圖》，臺北：國立故宮博物院，出版年不詳，清乾隆二十一年至二十四年（1756～1759）年間繪製，原圖 46x667 公分，原版收藏於國立故宮博物院。

3. 周鍾瑄修，《諸羅縣志》，《清代臺灣方志彙刊》第三冊，臺北：行政院文化建設委員會，2005 年。

4. 桃園廳編，《桃園廳志》，《中國方志叢書》臺灣地區第 235 號，1906 年發行，臺北：成文出版社，1985 年。

5. 新竹州編，《大正十年新竹州第一統計書》，大正 12 年（1923 年）出版。

6. 新竹州編，《大正十年新竹州第一統計書》，大正 12 年（1923）出版。

7. 新竹州編，《大正十一年新竹州第二統計書》，大正 13 年（1924）出版。

8. 新竹州編，《大正十二年新竹州第三統計書》，大正 14 年（1925）出版。

9. 新竹州編，《大正十三年新竹州第四統計書》，大正 15 年（1926）出版。

10. 新竹州編，《大正十四年新竹州第五統計書》，昭和 2 年（1927）出版。

11. 新竹州編，《昭和元年新竹州第六統計書》，昭和 3 年（1928）出版。

12. 新竹州編，《昭和二年新竹州第七統計書》，昭和 4 年（1929）出版。

13. 新竹州編，《昭和三年新竹州第八統計書》，昭和 5 年（1930）出版。

14. 新竹州編，《昭和四年新竹州第九統計書》，昭和 6 年（1931）出版。

15. 新竹州編，《昭和五年新竹州第十統計書》，昭和 7 年（1932）出版。

16. 新竹州編，《昭和六年新竹州第十一統計書》，昭和 8 年（1933）出版。

17. 新竹州編，《昭和七年新竹州第十二統計書》，昭和 9 年（1934）出版。

18. 新竹州編,《昭和八年新竹州第十三統計書》,昭和 10 年（1935）出版。

19. 新竹州編,《昭和九年新竹州第十四統計書》,昭和 11 年（1936）出版。

20. 臺灣總督府臨時臺灣土地調製,《臺灣堡圖：一九〇四年（明治三十七）年調製》,臺北：遠流出版社,1996 年。

21. 臺灣省文獻委員會編印,《臨時臺灣舊慣調查會第一部調查第三回報告書臺灣私法》,南投：臺灣省文獻委員會,1993 年,第三卷。

22. 臺灣省行政長官公署統計室編,《臺灣省五十一年來統計提要（1894～1945）》,臺北：臺灣省行政長官公署統計室,1946。
　　 數位化網址：http://twstudy.iis.sinica.edu.tw/twstatistic50/

二、專　書

1. 川野重任,《日據時代臺灣米穀經濟論》,臺北：臺灣銀行經濟研究室,1952 年,臺灣研究叢刊第 102 種。

2. 片岡巖,《臺灣風俗誌》,臺北：南天書局,1994 年。

3. 王世慶著,《清代臺灣社會經濟》,臺北：聯經出版事業公司,1994 年。

4. 尹章義編,《新屋鄉志》,桃園：桃園縣新屋鄉公所,2008 年。

5. 中華綜合發展研究院應用史學研究所,《桃園市志》,桃園：桃園市公所,2005 年。

6. 李力庸,《米穀流通與臺灣社會（1895～1945）》,臺北：稻鄉出版社,2009 年。

7. 李力庸,《日治時期臺中地區的農會與米作（1902～1945)》,臺北：稻鄉出版社,2004 年。

8. 吳田泉,《臺灣農業史》,臺北：自立晚報出版社,1993 年。

9. 林滿紅,《茶、糖、樟腦業與臺灣之社會經濟變遷（1860～1895)》,臺北：聯經出版社,1997 年。

10. 岸本美緒著,劉迪瑞譯,《清代中國的物價與經濟波動》,北京：社會科學文獻出版社,2010 年。

11. 柯志明,《米糖相剋：日本殖民主義下臺灣的發展與從屬》,臺北：群學出版社,2006 年。

12. 洪敏麟,《臺灣舊地名之沿革》,臺北：臺灣文獻委員會,1977 年,第二冊,（上）。

13. 桃園縣政府,《桃園縣誌》,卷四,《經濟志》,（上）,桃園：桃園縣政府出版,1979 年。

14. 袁穎生,《臺灣光復前貨幣史述》,南投：臺灣省文獻委員會編印,2001 年。

15. 陳秋坤,《清代臺灣土著地權：官僚、漢佃與岸裡社人的土地變遷,1700～1895》,臺北：中央研究院近代史研究所,1994 年。

16. 謝美娥,《清代臺灣米價研究》,臺北：稻鄉出版社,2008 年。

17. Chuan, Han-sheng and Richard A. Kraus, *Mid-Ch'ing Rice Markets and Trade: An Essay in Price History*（Cambridge, Mass.: Harvard University Press, 1975）, pp. 1-6.

三、論 文

1. 王世慶,〈十九世紀中後期臺灣北中部銀錢比價變動續探（1839～1895）〉,《中國海洋發展史論文集》,第 8 輯,臺北：中央研究院中山人文社會科學研究所,2002 年,頁 242～259。

2. 王業鍵,〈清代的糧價陳報制度及其評價〉,見王業鍵,《清代經濟史論文集》,第 2 冊,臺北：稻鄉出版社,2003 年,頁 4～5。

3. 王業鍵,〈中央研究院主題研究計畫執行成果報告書：清代糧價的統計分析與歷史考察〉,2001 年,未刊,轉引自謝美娥,〈清代物價史研究成果評述〉（未發表）,頁 11～14。

4. 北山富久二郎,〈日據時代臺灣之幣制政策〉,《臺灣經濟史七集》,臺北市：臺灣銀行經濟研究室,1952 年,臺灣研究叢刊第 68 種,頁 91～144。

5. 李晃世、黃典權,〈清代臺灣地方物價之研究〉,《國立成功大學歷史系歷史學報》,第 4 號（1977 年）,頁 41～129。

6. 呂漢威,〈臺灣日治時期米價分散度：水準值與變動率〉,臺北：世新大學經濟學研究所碩士論文,2009 年。

7. 李彥霖,〈埤塘到大圳──桃園臺地水利變遷（1683～1945）〉,臺北：東吳大學歷史研究所碩士論文,2004 年。

8. 吳聰敏,〈臺灣農村地區之消費者物價指數：1902～1941〉,《經濟論文叢刊》,第 33 卷第 4 期,（2005 年）,頁 323～357。

9. 吳育臻,〈臺灣糖業「米糖相剋」問題的空間差異（1895～1954）〉,臺北：臺師大地理研究所博士論文,2003 年。

10. 高聿嫻,〈臺灣物價膨脹之研究：1914～1920〉,臺北：國立臺灣大學經濟學研究所碩士論文,2008 年。

11. 盛清沂,〈新竹、桃園、苗栗三縣地區開闢史（上）〉,《臺灣文獻》,第 31 卷第 4 期,（1980 年）,頁 154～176。

12. 莊英章、連瑞枝,〈從帳簿資料看日據北臺灣鄉紳家族的社會經濟生活：北埔姜家為例〉,《漢學研究》,第 16 卷第 2 期（1998 年 12 月）,頁 79～114。

13. 莊英章、陳運棟,〈清末臺灣北部中港溪流域的糖部經營與社會發展：頭

份陳家的個案研究〉,《中央研究院民族學研究所集刊》,第 56 期(1983年 12 月),頁 59～110。

14. 黃典權,〈古帳研究一例〉,《臺南文化》,第 6 卷第 3 期(1959 年),頁 1～89。

15. 曾品滄,〈臺灣舊式帳簿的搜集與運用〉,《中國現代史專題研究報告(二十一)——臺灣史料的蒐集與運用討論會論文集》,中華民國史料研究中心編印,2000 年,頁 471～522。

16. 葉淑貞‧俞可倩,〈日治時代臺灣對日進出口物價指數之估計與分析〉,《經濟論文叢刊》,第 35 卷第 3 期,(2007 年),頁 337～377。

17. 蘇震,〈光復前臺灣貨幣制度之演變〉,《臺灣經濟史初集》,臺北:臺灣銀行經濟研究室,1945 年,臺灣研究叢刊第 25 種,頁 4～15。